# CATALOGUE

DES

# GENTILSHOMMES

## DE PÉRIGORD

### AUNIS, SAINTONGE ET ANGOUMOIS

QUI ONT PRIS PART OU ENVOYÉ LEUR PROCURATION AUX ASSEMBLÉES DE LA NOBLESSE
POUR L'ÉLECTION DES DÉPUTÉS AUX ÉTATS GÉNÉRAUX DE 1789

Publié d'après les procès-verbaux officiels

PAR MM.

### LOUIS DE LA ROQUE et ÉDOUARD DE BARTHÉLEMY

## PARIS

E. DENTU, LIBRAIRE | AUG. AUBRY, LIBRAIRE
AU PALAIS-ROYAL | 16, RUE DAUPHINE

1864

# CATALOGUE

DES

# GENTILSHOMMES

## DE PÉRIGORD

## AUNIS, SAINTONGE & ANGOUMOIS

QUI ONT PRIS PART OU ENVOYÉ LEUR PROCURATION AUX ASSEMBLÉES DE LA NOBLESSE
POUR L'ÉLECTION DES DÉPUTÉS AUX ÉTATS GÉNÉRAUX DE 1789

Publié d'après les procès-verbaux officiels

PAR MM.

### LOUIS DE LA ROQUE ET ÉDOUARD DE BARTHÉLEMY

## PARIS

E. DENTU, LIBRAIRE
AU PALAIS-ROYAL

AUG. AUBRY, LIBRAIRE
16, RUE DAUPHINE

1864

# AVERTISSEMENT.

Les provinces de Périgord, d'Aunis, de Saintonge et d'Angoumois, que nous réunissons dans une même livraison, correspondaient aux trois départements de la Dordogne, de la Charente et de la Charente-Inférieure.

Le Périgord, qui faisait partie du gouvernement de Guienne, avait eu des comtes particuliers dès le dixième siècle. Une branche cadette de cette famille souveraine est encore représentée par la maison de Talleyrand-Périgord (1). Cette province ne fut réunie à la couronne que par l'avénement du roi Henri IV, en 1589.

L'Aunis et la Saintonge, réunis à la couronne depuis 1375 par Charles V, formaient un grand gouvernement, divisé en six élections administrées par un intendant dont le siége principal était à la Rochelle.

Le gouvernement militaire était divisé en deux grands com-

---

(1) La maison de Talleyrand-Périgord porte : « De gueule à trois lions d'or armés lampassés et couronnés d'azur. »

mandements : celui d'Aunis, à la Rochelle, et celui de Saintonge et Angoumois, à Saintes.

   L'Angoumois faisait partie du domaine royal depuis Philippe
de Valois, en 1328, par suite d'un traité conclu avec les héri-
tiers de la maison de Lusignan. Il servit d'apanage aux puînés
de la branche de Valois jusqu'à l'avénement de François Ier,
en 1515. Le roi Charles V accorda à la ville d'Angoulême, qui
en était la capitale, plusieurs priviléges, surtout celui de la noblesse pour les maires, échevins et conseillers de ville. Les rois
ses successeurs les confirmèrent, et François Ier y ajouta l'exemp-
tion du ban et du droit des francs-fiefs. Le privilége de la noblesse fut supprimé en 1667, puis rétabli en faveur des maires,
échevins et officiers des villes d'Angoulême, de Cognac, de la
Rochelle et de Saint-Jean d'Angely (1). L'Angoumois était
compris dans la Généralité de Limoges.

Paris, le 14 mai 1864.

   (1) La Saintonge portait : « D'azur à une mitre d'argent accompagnée de trois fleurs
de lis d'or. »

   L'Aunis portait : « De gueule à une perdrix couronnée d'or, *aliàs* de gueule, parti
de gueule à trois besants d'or. »

   Les premiers comtes d'Angoulême portaient : « Lozangé d'or et de gueule ; » ceux
de la branche de Valois : « De France, au lambel de trois pièces d'argent, chargées cha-
cune d'un croissant d'azur. »

# CATALOGUE

DES

# GENTILSHOMMES DE PÉRIGORD.

## SÉNÉCHAUSSÉE DE PÉRIGUEUX.

*Procès-verbal de l'Assemblée générale des trois ordres de la séné-chaussée de Périgueux, comprenant les bailliages secondaires de Bergerac et de Sarlat (1).*

16 mars 1789.

(*Archiv. imp.*, B. III, 117, p. 189, 244-296)

### NOBLESSE.

César-Pierre Thibaud de la Brousse, chevalier, marquis de Verteillac et de Saint-Mayme, baron de la Tour Blanche, Sgr de Saint-Martin le Pin, de Saint-Front de Champniers, de la Bouzière, etc., lieute-nant de Roi héréditaire, maréchal de camp, gouverneur et grand sénéchal de Périgord.

---

(1) Nous croyons devoir faire observer qu'un certain nombre de familles nobles ont pu ne pas figurer dans les assemblées de Périgord, pour cause d'absence, de maladie ou d'abstention.

Cette liste a été collationnée sur les procès-verbaux originaux déposés au greffe du tribunal civil de Périgueux, publiés par M. Amédée Matagrin, un vol. in-8°. Périgueux, 1857. — V. dans le même volume, l'*Armorial du Périgord,* par M. Alfred de Froidefond. 1858.

Le prince de Chalais, pour lui et pour le comte de Périgord, son père, et pour les Sgrs de Talleyrand.

Le comte de la Roque d'Abzac, — le marquis de Frugie.

Le chevalier de Rastignac, — la dame de Javerlhiac, comtesse d'Aydie, — de Saunier de Ferrières.

Le marquis de Verteillac, — le marquis de Cherval, — le marquis de Labrousse de Messés.

Le marquis de Rastignac, Sgr de Puyguilhem, — le comte Louis d'Hautefort de Vaudre, — le marquis de Chapt de Laxion.

Le marquis de Saint-Astier des Bories, — le comte de Brassac, — le comte d'Abzac de Mayac.

Le comte de Lestrade de Bouilhem, — de Griffon de Latache, — le marquis de Malet.

Le vicomte du Lau de Montardy, — le comte du Lau de Lacotte, — le comte de Jumilhac.

Le marquis d'Aloigny, Sgr du Puy Saint-Astier, — le comte des Cars, — de Carbonnières des Vivants.

Le marquis de Chabans, — la comtesse de Richemont.

Le baron de la Luminade de Monplaisir, — d'Amelin, — de Sarasignac.

De Malet de Lagarde, — de Pontayraud.

Le chevalier de Brons, — le vicomte de Brons, — le vicomte de Montmège.

Coustin, marquis de Bourzolles, — le baron de Verteuil, — de Lapalisse de Mondamuel (la Palisse de Mondaunel).

Le chevalier de Ravilhon, — de Ravilhon de Buchou, — la dame de Beaupuy.

Le comte d'Abzac de Ladouze, — le vicomte d'Abzac de Ladouze, son frère, — de Raymond de Salegourde.

De Lesnier fils, — de Lesnier Dupoly (de Pauly), son père, — la comtesse Dertemps.

Le chevalier de Bessou, — de Bessou de Lacoste, son frère, — de Commarque.

Le baron d'Auberoche, — de Vassal de la Vassaldie.

De Monteil de Douzilhac, — de Monteil du Maine du Bost, — Robinet de la Serve.

Le chevalier Honoré de Bessou, — de Galard de Béarn de Brassac de Boisse, — de Goudin de la Roussie.

Le chevalier de Bessou de Lacoste, — le comte de Mirandol.

De Froidefond de Boulazac, — de Froidefond du Chatenet.

De Chancel d'Antognac, — de Calvimont de Baneuil, — la dame de Lostanges, marquise de Cosnac, du Bugue, etc.

Le comte de Laborie de Campagne, — le marquis de Campagne, son père, — la dame de Charon, sa mère.

Des Limagnes, — Noël du Peyrat, — de la Romagère de Rouchari.

Le chevalier de la Gondie, — la dame de Guilhem de la Gondie, veuve, sa belle-sœur, — de Lansade de Plaigne.

Gaillard de Veaucocourt, — de Veaucocourt, son père.

De Foucauld du Bost, — le baron de Planeau, — Deglane d'Estissac.

D'Abzac de Lagardelle et de la Forêt, — de Gontaut de Saint-Géniez, — de Sénailhac de la Vitrolle.

De Saint-Avit, — de Brouilhet, — de Lastours de Rilhac.

De Foucauld de Dussac, — de Garreau. — de Foucauld d'Abzac.

Expert, — de Masvaleix de Saint-Maurice, son beau-père.

Adhémar. — Mathieu Adhémar, son frère, — le baron de Lavalette la Finout, — de Vassal de Lacoste, — de Saint-Hilaire, lieutenant-colonel, — le baron de Caussade.

Le marquis de Montferrand, — le comte de Gontaut, son gendre.

De Fayolle, — Henry de Lestrade, Sgr de la Maynadie.

Dubut, — la dame de Villac, baronne de Sensenat.

De Mensignac, — Bertin, Sgr de Saint-Martin, — Armand de Captal, père et fils.

Saint-Jory, — de Chantal, Sgr de Puy-Limeuil, — le comte de Cugnac, baron de Limeuil, — demoiselle Marie de Leymarie de la Roche.

Joseph d'Abzac, — Guillaume Delphaud, écuyer, — Louis d'Abzac, Sgr de Falgueyrac.

Louis Bauviez de Belveaud (Bosvier de Belvaux), — demoiselle Claude de Plancher.

Philip de Saint-Viance, — la dame d'Abzac, comtesse de Saint-Viance, — le comte de Beaumont, marquis de la Martinie, capitaine au régiment de Lorraine.

Touchebœuf de Beaumont, Sgr de Beauregard.

Le chevalier de Fayolle, — de Fayolle, Sgr du Caillaud.

Molinier de Lacan, — Bertrand de Lamouroux, Sgr de Laroque, — demoiselle de Gontaut de Saint-Géniez.

De Lestrade de Coulaures, — Thomasson du Poujat, Sgr de Saint-Pierre.

Vaurillon de la Bermondie, — la dame de Bridat de la Bermondie, — le chevalier Louis de Lamberterie.

De Thermes, Sgr de Veyrignac, — Timothée d'Anglars, — de Pascal, Sgr de Gœllina.

De Conan, comte de Montbrun, — de Conan, Sgr d'Ancors, Saint-Jean de Puy-Reynier, — la dame Cheyrade de Monbrun de la Garrelie, — Moreau de Saint-Martial, président à la cour des aides, — Moreau, baron de Moncheuil, conseiller au parlement de Bordeaux.

De Cremoux, — Arlot, baron de Saint-Sault.

De Manout (Menou), — la dame Audit de Roche de la Veyssière.

Bacharetie de Beaupuy, — la dame de Villard, veuve de Bacharetie de Beaupuy.

Le marquis de Bayly, — le vicomte de Bayly de Richardie.

Laval, — Etienne de Laval, Sgr de Bonneville, — demoiselle de Cugnac.

Le vicomte de Royère, — le baron de Lestrade, Sgr de Lestrade.

Leymarie de la Roche, — la dame de Leymarie de Plaisat.

Des Groges, — Galard de Béarn, Sgr d'Argentine.

Le chevalier de Faubournet de Montferrand, — la dame Arlot, veuve du Sgr de Belade d'Azerat.

De Lacroix, — de Faucher, Sgr de Versat.

Le chevalier de Lamberterie, — d'Escravayac, Sgr de la Barrière, — Roux, Sgr de Reilhac, — la dame d'Escravayac, Sgresse de Masfrand et du Repaire, — de la Roussie, Sgr de la Pouyade.

De Salleton, — la dame de Salleton de la Roche-Aymon.

Le chevalier du Mas, — du Mas, Sgr de la Rigalle.

De Malbec, écuyer.

Monbeler, chevalier de Saint-Louis.

Le vicomte de Chabans.

Le marquis de Bonneguise, — de la Roche-Aymon du Breuil, — Philibert de la Roche-Aymon, Sgr de la Jarthe.

De Barrière de Beaufort, — du Paty, baron de Rayé, — le comte Raymond, baron d'Airand. /

Gauland (de Golan) de la Chambre.

Castillon de la Jaumarie, père et fils.

Jiverzac, — de Gérard, Sgr de la Tour, — Réné de Javel, Sgr de Jiverzac.

Magnac, — de Magnac, Sgr de Neuville.

Duverdier (du Verdier), — de Lasteyrie, vicomte du Saillant, — de Gimel, écuyer-chevalier.

Du Chassaing, — Bernard-Laurent du Poujet, Sgr de Maréal, — Saintout de Salibourne.

De Fonbrellein, — le marquis de Beaumont, maréchal de camp, — le marquis de Lostanges.

Le chevalier de Plamont, — de Puychalard.

Le chevalier de Charron, — Louis de Vassal, Sgr du Marais, Montpeyroux, etc., — la dame Marie-Galiotte d'Aymeric de Charval de Monbette.

Patronier de Gandillac, — Patronier, Sgr de Bourzac, — de Maurel, Sgr écuyer.

Du Burguet de Nadaillac, — la dame de Lamberterie.

Coursou, — Louis de Coursou de Caliavel, — de Vassal, Sgr de la Mothe.

Le vicomte de Losse.

Descata (d'Escatha) de la Rizonne, — de Brie de Beaufranc.

Le chevalier Ducluzel, — le comte Ducluzel (du Cluzel), capitaine au régiment des gardes-françaises, — la dame du Breuil de Gaulejac.

Le marquis de Fayolle fils, — Boros de Gamançon, — la dame Gauthier de Fayolle du Chadeuil.

Le chevalier de Foucauld de Dussac, — la dame Chabaneuil de Savert.

Daix (d'Aix).

Bacharetie de Beaupuy.

Durepaire (du Repaire), — de Féletz, baron de Féletz.

De Larigaudie de Saint-Sevrin.

De Villard, — de Pindray, Sgr d'Ambelle.

Daleyme (d'Alesme) de Mécourby, — de Bertier de Jaures.

Bouchier de Rochépine, — la dame Augustine de Chabans de Cipierre.

De Maillard de Lafaye, chevalier de l'ordre de Malte, — le marquis de Fayard des Combes, Sgr de la Dosse, — le marquis de Maillard, son frère, — les dames de Villars de Pontignac de Montchoisy, — de Maillard, Sgr de la Faye.

Cosson de la Sudrie, — le comte de Saint-Mayme.

Le vicomte d'Auberoche, — la dame de Méredieu d'Ambois.

Le comte de Foucauld, — demoiselle de Foucauld de Pontbriant.

Armand-Pierre de Foucauld de Pontbriant, chevalier de Saint-Louis.

D'Ambois, — Eymery de Méredieu, Sgr de Puyfourien, — Marc de Vaucocourt, Sgr de Sigoulet.

Saulnier de Mondevy, — Texier, marquis de Javerlhac de Feuillade, — Antoine de Saulnier, Sgr de Plaisac, — de Sanilhac de Fénelon.

Charles-Jean-Martial de Teyssières, chevalier, Sgr de Chatrès.

Le chevalier de Montalembert, — la dame de Fillol, veuve de M. de Gauthier de Gérard, Sgr de Souvignac, — le comte de Montalembert, Sgr de la Bourélie.

De Teyssières, — de Teyssières, son frère, — de Montet, comte de Lisle, — demoiselle de Chige.

Le comte de Mellet, — Chateigner, Sgr de la Châteigneraie, — de la Porte, marquis de Puyférat.

Dupin du Boutonnet, — demoiselle de Méredieu, dame de Gaydon de Villac.

De Fars, — la dame de Lasteyrie, marquise de Lestrade.

De Saulnier de Leymarie, — de Chaunac de Lanzac, de Montbette, Sgr de Pradel, — la dame de Commarque, veuve de M. Bergues.

Ducluzel, — la dame de Bouchier, veuve de M. Danglard (d'Anglars), Sgr de la Lauvie.

Le baron de Malet, — le marquis de Malet, baron de la Garde, — le comte de Calvimont, Sgr de Saint-Chamarans.

De la Bastide, — de Chalup, Sgr du Granger, — d'Abzac, Sgr de Campagnac.

Le chevalier Chassarel de la Beylie, — de Roger, son père.

Le marquis de Fayolle.

Meyjounissas, — Antoine de Meyjounissas, Sgr des Granges.

De la Borde de Puyfoucauld.

De Lagarde de Saint-Barthélemy.

Le marquis de Lafaye, — le vicomte de Lafaye.

De Forges de Montagnac, — Pierre Bordier Daix, Sgr de Pierrefiche.

De Forges de Montagnac de Courtagelles et Larest, — Bordier Daisse.

De Saugnat (Saunhac) de Belcastel, — de Toucheboeuf de Clermont.

De Colom.

Malet de Chatillon.

De Jehan de Borie-Porte.

Du Repaire de Lusson, — la dame de Lacroix du Romain, — de Roux de Momatuf.

De Malet de Lagarde du Pont, — de la Farge Goursat.

Le marquis de Foucauld, — le marquis de Foucauld, son oncle.

Boyer du Suquet, — de Gisson de la Mercerie, — Gérard du Barry.

Dupin des Lézes, — de Villars de Labrousse, — Dalesme de la Bleynie, — de la Roche de la Bigotie (de Pourquery, lieutenant des maréchaux de France, à Bergerac).

Le comte de Laborie de Labatut, — la dame de Vassal de Laborie du Pourteil, — de Chesnignon du Cluzeaux.

Migot de Blanzac du Roumancier.

Le comte de la Cropte de Bourzac, — la dame veuve et héritière du marquis de Chantérac, dame de Lafinou, — Achard de Joumard, vicomte de la Double.

De Ribeyreix du Meynichou, — de Ribeyreix de Farge, — de Vétat de la Barotière.

De Beauregard de Bassac, — de Moncheuil de Laborie, — de Lavaleille.

De Malet du Pont, — la dame Demonteil du Chambon.

De Faubournet de Montferrand, marquis de Montréal, — de Saliniac de la Ponsie.

Dartensec (d'Artenset) de la Farge de Gourjou, — de Raimond de Pressac.

Le marquis de Taillefer, — la dame de Brochard.

De Teyssière de Miremont, — de Miremont, son père, — de Miremont de Gastaudias, — de Teyssière de la Renaudie, — la dame de Lafaye de la Renaudie.

Chancel de la Feuillade, — de Lagardie.

Le chevalier du Cheyron, — du Cheyron, son père.

Le baron de Chabans de Pauly, — de Jaurias, — de Montaubert.

Le comte de Chapt de Ribérac.

De Marqueyssac de Rouffiac, — de Roux de Lacroze.

De Chaneau (Chanaud) de Lascaux, — de Larmandie de Chaneau de Lascaux, — de Vassal de Bellegarde.

Du Cheyron du Pavillon, — la dame comtesse d'Uzès, — de Lapeyrouze.

Le chevalier de Bouchier de la Cipierre, — de Touchebœuf de Beaumont, — de Bouchier de la Cipierre.

Le comte de Lagarde, — de Monsenar de Laborde, — de Nanchat de Chapelie.

D'Adhémar du Périer, — de Racaudon, — la dame de Sorbier de Corbiac.

Le vicomte de Beauroyre de la Filolie, — de Beauroyre de la Filolie, — de Chapon du Batiment.

De la Chapelle, — de la Chapelle de Morthon, — de Lambert de Fontenilles.

Le comte de Beauroyre, — de Baillet de la Pandoule, — de la Filolie de Génestal.

Le comte de Saint-Exupéry du Fraysse, — de Treillard du Bastit.

Le comte d'Abzac de Limérac, — le comte de Bonneval, — le baron de Segonzac, — de Vitrac, — de Calvimont, — de Vassal de Reyniac.

Le comte de Saint-Exupéry de Rouffignac, — le marquis de Soulhiac, — de Vassal de Lagarde.

Le chevalier de Massacret, — la dame de Bial de Massacret, sa mère, — le comte de Massacret (Massacré), son frère.

Le baron de Carbonnières, — la dame de la Brousse de Luziers, — de Bars de la Faurie.

Le marquis de Marzac, — de la Fleunie, — de la Barthe de Thermes, — de la Rocheaymon du Cluzeaux.

Le comte d'Abzac de Cazenac, — d'Adhémar du Roch.

De Puymorin de Brochard, — de Siorac de la Guyonnie.

Pons de Salviac, — le chevalier Danglard (d'Anglars), — le chevalier de Bouchier de la Faye.

Le vicomte de Bacalan de Monbazillac.

Le chevalier de Villefranche de la Verrie-Vivans, — de la Verrie-Vivans de Carlou, — de la Verrie-Vivans, ses frères.

De Baillet de la Brousse.

Le baron de Lamberterie du Cros, — de Montozon de Saint-Cirq, — Jean Reynier, prêtre.

Le comte de Vassal-Sineuil, — le comte de Bourzolles de Mirabel.

De Vins de Masnègre, — la dame de Goudin de Masnègre, sa mère, — du Cheylard de la Queyrerie.

De Cosson de la Sudrie.

De Bouilhac de Bourzac.

De Lanzac fils, — de Lanzac père, — de Lanzac de Sibeaumont, son oncle.

Le vicomte de Peyraud, — Meynard de Malet, — la comtesse de Beaupoil de Saint-Aulaire, — Faucher de Versac.

Le baron de Fonvielle, — le comte de Saint-Viance, — de Cazenat.

De Lavergne, chevalier de Cerval, — la dame de Cerval, sa belle-sœur, — Cézac de Belcayre.

Le marquis de Commarque, — de Commarque, son oncle, — de Goudin de Paulhiac.

Le chevalier le Blanc de Saint-Just, — de Saint-Just de Viges, son père.

Dartensset (d'Artenset) de la Farge, — de Mitoumieu.

De Constantin, — Constantin de Foncarbonnières, son père.

De Laval-Bousquet de Boreau, — du Chazeau de la Rénerie.

Picot de Boifeilhet, — de Lavalette de Montbrun, — le marquis du Gravier de Lagolée.

Le chevalier de Monsec, — de Monsec de Beaumont, — de Montmirail.

Le chevalier de Brianson, — de Brianson, son frère, — de Jaure.

Le marquis de Laurière, — de Labarde, — la dame de Bergues de Saint-Vincent.

De Lasalle, — de la Salle de la Fleunie, son père, — la dame de Génis.

De Bertier, — le comte de Beaumont de la Roque.

Du Cheyron de Saint-Laurent-sur-Manoire.

De la Chapelle de Beaulieu, — d'Augeard de Clérans, — de Rochon de Vormeselle.

De Lageard de Grézignac, — le baron de Verdun, — le marquis de Touriol.

Le chevalier du Reclus, — du Réclus, baron de Gageac, son père, — de Lubriac de Lestignac.

De Galabert, — de Salviat, — la dame de Fabri.

De Gimel, — de Vassal de Lignac, — de Pignol.

De Foucaud de Laborie, — de Foucaud, son frère.

Jammes du Mourier, — Jammes du Mourier de Pothé.

Le comte de Larmandie, — d'Augeard de Virazel, — de Vassal de Bellegarde.

Front de Larmandie, — de Lavallette (la Valette) de Varennes.

De la Serre de Molière, — François et Jean de la Serre, ses frères, — de Baillot.

De Boiron de Lavergne.

De Montozon de Léguilhac.

De Montozon de Puyconteau.

De Brugière, — de Bideran, — de Laur.

Le chevalier de Galabert de Sept-Fonds.

De Brugière de Saint-Julien, — de Brugière de Bellevue, — la dame de Papus de Brugière.

Brugière de Cendrieux, — Dufaure de Montmirail, — le vicomte de Ségur.

De Montozon de Guilhaumias, — de Cassieux, — de Falgueyrat.

De Valbrune de Belair.

Dalmet (d'Almais) des Farges.

Dartensec (d'Artenset) de Verneuil.

Le chevalier de Boucher.

Dartensset (d'Artenset) de la Barrière.

Durand de Puy-Bereau de la Barde.

De Montvert, — la dame de Lard de Lamespoule.

De la Salle de Boredon de Chambarlens.

De Beaumont de Ribeyrolles.

Le chevalier de Beaumont.

Coustin de Caumont, — de Rohan-Chabot.

Coustin de Bourzolles, — la duchesse d'Anville.

Le chevalier de Chassarel, — de Lanquais.

De Meslon, — de Vaucocourt, — de Gastebois de Lamondey.

De Saintours de Bogerade, — Destut de Solminiac-Déymet (d'Estut de Solminihac d'Eymet), — la dame Brouin de Fayolle.

De Saintours de Verdon, — la dame de Soulhiac de Fayolle.

Le comte d'Abzac de la Serre, — d'Abzac de Marsillac, — le comte de Bousquet de Lagazaille.

Grand de Luxollières, chevalier de Tinteilhac, — Grand de Luxollières du Reclaud, — la dame de Tinteilhac.

Le comte de la Roque de Mons, — le marquis de Lubersac d'Azerac.

Des Groges, — les comtes de Clermont-Touchebœuf père et fils.

Laulanié de Sainte-Foy, — de Savy, — de Fageol, — Savy de Laroque.

Grand de Bellussière, — la dame de Maillard de Bretange, — de Conan d'Ancors, — Dolezon de Champelat, — de Camaing de Saint-Sulpice, — de Campniac de Malu.

Le comte de Beaumont de la Roque, — le maréchal de Noailles de Montfort, — de Bertier de Gaulejac.

Le chevalier de Saunhac.

Le comte de Saint-Aulaire de Fontenille.

De Roche d'Andrimont.

De Malbec.

De Verneuil de Labarde de Cressac.

Du Cheyron de Bannes.

De Roche de Puy-Roger, — la dame de Roche de Comte, — la dame de Roche de la Jaubertie.

De Salleton de Jameau de Saint-Front, — le comte de Chalup de Puy-marteau.

Des Paques.

Thuilier de Saint-Hilaire.

Le comte de Latour du Roc-d'Alas, — de Verduns (Verdon), ancien lieutenant de prévôté.

De la Chaloupie d'Eylhiac.

Durieux (du Rieu) de la Couture.

De Bugeaud de la Piconnerie, — de Labroue de Péchembert père et fils.
De Teyssières de Lacour de Beaulieu, — la dame de Blanchet de Feyrat,
— Delfau Dubreuil (Delphaud du Breuilh).
De Cosson de la Sudrie, — de Salleton de Saint-Michel, — de Camaing
de la Contencie.
De Latour de Saint-Privat.
De Chancel de Barbadeau.
Durand de Latour de la Solomonie.
Laulanie des Tuilières, — la dame de Roche, sa mère.
De Lamothe de Pissot.
Du Gravier du Ranquet.
Le baron de Beyrau, — de Beyreau de Canterane, son père, — le mar-
quis de Gironde de Lamothe.
De Péchegut de Constantin, — de Constantin de Castelmerle, — de
Vassal de Lacoste.
De Langlade de la Rampinsolle.
De Langlade de Labatut de Labelletie.
De Larigaudie de Beleymas.
De Villoutreyx de Sainte-Marie.
Du Rieu de Marsaguet.
Lacotte de Boslaurent.
De la Salle de Born.
Sendyée, l'aîné.
Le comte de Haumont, — le comte de Roffignac.
De Curval, — la dame d'Aubusson de la Feuillade.
Gastebois de Marignac.

---

# LISTE DES DÉPUTÉS DES TROIS ORDRES

## AUX ÉTATS GÉNÉRAUX DE 1789.

Laporte, curé de Saint-Martial d'Hautefort.
Delfaut, archiprêtre de Daglan.

Le comte de la Roque de Mons.
Le marquis de Foucauld de Lardimalie.

Fournier de la Charmie, lieutenant général de Périgueux.
Gontier de Biran, lieutenant général de Bergerac.
Loys, avocat et premier consul de Sarlat.
Paulhiac de la Sauvetat, avocat en parlement.

# PRÉSIDIAL DE PÉRIGUEUX

(Le présidial de Périgueux ressortissait au Parlement de Bordeaux.)

Fournier de la Charmie, lieutenant général.
Malet, lieutenant particulier.
De Pouzateau, conseiller d'honneur.
Moras, doyen.
Mater.
Moulinard.
Laves.
Bonneau de la Jarte.
Migot de Blanzac.
Chillaud de la Rigarderie.
Dauriac.
Pontard.
Belabre-Chillac.
Dalbavie de Bellet.
Martin, avocat du roi.
De Lagrange, avocat du roi.
Mage, greffier en chef.

# PRÉSIDIAL DE SARLAT

( Le présidial de Sarlat ressortissait au Parlement de Bordeaux.)

De Grézis, lieutenant général civil.
Lavech des Fauries, lieutenant général criminel.
Delage, lieutenant particulier.
De Lacipiere (la Cipierre), lieutenant particulier, assesseur.
De Selves, doyen.
Bardou.
Meyrignac de Boyl.
De Lachambaudie.
Gisson de la Foussade, lieutenant général civil honoraire.
Loudieu de la Calprade, avocat du Roi.
De Vergnol, procureur du Roi.
De Vergnol, avocat du Roi.

( *État des Cours,* 1785; — *État de la magistrature,* 1789).

Le 30 novembre 1550, les États du Périgord furent tenus à Sarlat; après le clergé, pour l'État de la noblesse furent appelés :

Le comte de Périgord; le vicomte de Turenne, pour les terres qu'il possède à titre de vicomte de Périgord;

Le Sgr de Ribérac (d'Aydie);
Le vicomte de Gurson.

MM. les quatre barons :
Le Sgr de Bourdelhe, comme premier baron;
De Baynac en personne, comme premier baron;
De la Mothe Fénelon, pour le Sgr de Biron, comme premier baron;
Le Sgr de Marueil comme premier baron.

Les quatre Sgrs de Périgord. A comparu pour l'un des quatre :
Le Sgr de Ribérac en personne;
Le Sgr de Salignac, comme l'un des quatre;
La dame de Grandmont (Gramont?), dame de Mucidan;
Le Sgr de Grinhols, comme l'un des quatre;
Le Sgr d'Estissac, comme l'un des quatre.
Le Sgr de Montrevel, Belvez, Bigaroque, Couse–Milhac, Mauzac, appar-
   tenant à M. l'Archevêque de Bordeaux;
Le Sgr de Castelnau, Sgr de Caumont;
Le Sgr de Lauzun et Puyguilhem;
De Varagne et de la Boissière;
De la Douze (Abzac);
Le Sgr de Berbiguières et de Rouffinhac;
D'Authefort (Hautefort);
De Badefol et de Saint-Geniez;
De la Rochebeaucourt;
De Montagrier;
   Pour lesquels a comparu le Sgr de Ribérac.
Les Sgrs de Montréal, du Chapdueil et de Verteillac;
Le Sgr de Bruzac (Flamenc);
Le Sgr et dame de la Force de Villamblard et de Barrières, Sgr de
   Longa de Neufvic;
De la Roque de Baynac;
La dame de Tayac;
Le Sgr de Montenceys (Abzac?);
De Lanquais;
De Bernardières;
Du Bourdeix;
De la Mothe Fénelon (Salignac);
D'Aymet;
De Razat;
De la Cassanhe;
Le Sgr de Thiviers, de Puyguilhem et de Condat; Sgr de la Marthonie;
Le Sgr de Miramont;
La dame de Puyagut;
Le Sgr de Chateaubouchet (Pompadour);
Le Sgr de Saint-Alvère (Lostanges);
De la Roque Saint-Christofle;
Saint-Chaumont;
De Banes;
De Boysse;
De Montmége;

De Marouette;

Les Sgrs de Chanterac (la Cropte);

Les Sgrs de Ciourac;

Le Sgr de Rastinhac (Chapt);

J. de Comarque pour le Sgr de Montastruc, comme Cosseigr de Ciourac;

Le Sgr de Campanhac; des Combes; des Bories de Puychimbert; de Veyrinac; du Repaire; de Lioncel, Sgr de Lisle et Cosgr de Brantôme;

Le Sgr de Montcalou; de Cousages et de Chavanhac;

De Jayac;

De la Chapelle-Faucher;

De Marueil près Soulhac;

De Faulx;

De Trigonan;

Le Sgr de Florimond, Sgr de Caussade;

De Saint-Paul;

De Saint-Germain de Salambre;

De la Faye d'Auriac;

De la Mothe Saint-Pantaly;

Le Sgr de Marquessac et de Saint-Sulpice et des enclaves de Cornhac;

Le Sgr de Cumont; de Mauriac; de Razac.

Le Sgr de Saint-Apre;

Le Sgr du bailliage Saint-Astier, Sgr de Fayoles;

Les Sgrs de Saint-Méard de Drone;

Le Sgr de Puymartin;

J. de Comarque, Sgr dudit lieu;

Les Sgrs de Cusor;

Le Sgr du Pouget de Mounac; de Peyraulx, de Gardonne; de Piles; de Thonac et Losse;

La dame de Poyruzel;

Le Sgr de Sermet;

De Nanthiat (Jaubert);

De Beauregard et de la Rue;

De Grézinhac de Bridoyre;

De la Feuillade, Sgr de Meymy de Lussars;

D'Escoyre de Cubzac;

De Cornhac, de Ronhac de Clarens;

De Bar, Sgr de Sauveboeuf;

De Besse de Rolfenc de la Sauvetat et Bouillac;

Le Sgr de Gazac de Saint-Martial de Bardou.

---

(Tiré du livre de M. Punis, censeur royal, *Observations sur les États de Périgord*, 1788, p. 21, pièces justificatives. — Communiqué par M. H. de Montégut. substitut du procureur impérial d'Angoulême.)

# CATALOGUE

DES

# GENTILSHOMMES DE L'AUNIS.

## SÉNÉCHAUSSÉE DE LA ROCHELLE.

*Procès-verbal de l'Assemblée générale des trois ordres de Rochefort et de la Rochelle (1).*

16 mars 1789.

(*Archiv. imp.* B. III, 71, p. 149, 198 — 245.)

### NOBLESSE.

Henri-Charles-Benjamin Green de Saint-Marsault, chevalier, Sgr, comte, baron de Chatel-Aillon, ancien capitaine d'infanterie, chevalier de Saint-Louis, conseiller du roi et son grand sénéchal de la sénéchaussée, ville et gouvernement de la Rochelle.

---

(1) Nous croyons devoir faire observer qu'un certain nombre de familles nobles ont pu ne pas figurer dans les assemblées de l'Aunis, pour cause d'absence, de maladie ou d'abstention.

L'orthographe des noms a été revue sur la liste qui a été publiée par M. de la Morinerie : *La Noblesse de Saintonge et d'Aunis aux États généraux* de 1789 un vol. in-8°, Paris. Dumoulin 1861. (p. 225-301.)

Pierre-Étienne-Lazare Griffon, chevalier, Sgr des Mothais, de Romagné, de Mezeron et autres lieux, conseiller du roi, lieutenant général en la sénéchaussée de la Rochelle, conseiller maître en la chambre des comptes de Paris.

Louis-Jean-Baptiste de l'Abadie ou La Badie, chevalier, Sgr de la Chausselière.

Le comte d'Anache ou d'Hanache (Louis-Maximilien Alexandre), Sgr de Millecus et de la Laigne, représenté par
— Cacqueray de Valmenier.

Louis-Gabriel Ancelin de Saint-Quentin, chevalier, Sgr de Chambon et de d'Angoute.

René-Alexandre d'Auray, comte de Brie, chevalier, Sgr d'Artigue, Landray et Ciré, chevalier de Saint-Louis.
— Henri-Auguste Baudoin de Lanoue.

Henri-Auguste Baudoin de Lanoue, écuyer, Sgr du Vieux–fief, la Maillolière, etc.

Augustin-Mathieu Beaupied de Clermont, écuyer.

Demoiselle Anne-Geneviève-Mélanie de Bénac (Beynac), dame de Poulias.
— Jean-Baptiste de Bénac, chevalier, Sgr de Boucqueteau.

Jacques-François-Geneviève de Beynac, chevalier, Sgr de la Chevalerie, lieutenant des canonniers garde-côtes.

Louis Boscal de Réals de Mornac, Sgr de Valans.

Jean-François Bourdon, écuyer, Sgr d'Ombourg, chev. de Saint-Louis.

Jean–François-Salomon Boutiron, écuyer, Sgr de la Gravelle.

Joseph-Nicolas Boutiron de la Gravelle, écuyer, officier au corps royal du génie.

Benoist Bouzitat de Sélines, chevalier, lieutenant-colonel d'infanterie, chevalier de Saint-Louis.

Louis-Marie-Joseph Bouzitat de Sélines, et Marie-Bénigne Bouzitat de Sélines, mineurs émancipés, Sgrs de Cheusses, Sainte, Soulle, Coudun, Josapha, Paradis, etc.
— Benoist Bouzitat de Sélines, leur oncle.

Cosme-Joseph de Brécey, écuyer, ancien capitaine d'infanterie, chevalier de Saint-Louis.

Paul-Charles du Breuil, comte de Guitaut, Sgr de Guitaut, de la Montagne-Vilarzay, ancien officier au régiment de Jarnac-dragons.
— Louis de Frogé, capitaine des vaisseaux du roi.

Ami-Félix Bridault, écuyer, ancien médecin des hôpitaux militaires et pensionnaire du roi.

Guy-Marie-Joseph Brunet, chevalier, Sgr de la Verdrie.

Étienne-Marie-George Cacqueray de Valmenier.

Alexandre–Jean–Baptiste-Marie-Théodore Cadoret de Beaupreau, écuyer, conseiller du roi, président trésorier de France au bureau des finances, Sgr de la Moulinette, et pour les Sgrs de Charon et de la Grimenaudière.

Dame Marie-Catherine–Geneviève de Calvimont, veuve de Nicolas-Étienne de Cueron (Cairon), écuyer, comte de Merville, lieutenant des vaisseaux du roi, chevalier de Saint–Louis, Sgr de Villeneuve-Montigny et des Houillères.

— Joseph-Hyacinthe Ribaud de Laugardière (Ribault).

Jacques-François de Calais, Sgr de Favaud.

— Henri-Jean-Jacques de Calais, son fils, écuyer, chevalier.

Jean-Antoine Carré, l'aîné, écuyer, Sgr de la Roche et de Sainte-Gemme, ancien capitaine de cavalerie.

Marie-Louis-Jean-Gaspard Carré de Sainte-Gemme, écuyer.

Louis-Charles Carré de Varennes, écuyer, Sgr de Saint-Marc.

François-Charles Carré, écuyer, Sgr de Candé et de Basoges.

— Jean-François-Catherine Carré de Candé, écuyer, conseiller du roi, lieutenant particulier au siége présidial de la Rochelle, et pour son père,

François-Charles Carré de Candé, Sgr de Margorie.

Louis Charpentier de Longchamps, écuyer.

Étienne-Louis Chérade, comte de Montbron, exempt des cent-suisses de la garde de Monsieur.

Pierre-Charles de Chertemps, chevalier, comte de Seuil, baron de Charon, Sgr des Vases-Molles, colonel inspecteur du régiment du Colonel-général-dragons, chevalier de Saint-Louis.

. Dame Marie-Olive des Herbiers de l'Étenduère, veuve de Gaspard Cochon du Puy, écuyer, chevalier de Saint-Michel, dame du Courdault.

— Joseph Brunet.

Antoine-Guy Coquille du Vernois, écuyer, capitaine de dragons au régiment de Condé.

Antoine-Louis-Auguste de Crès, lieutenant des maréchaux de France, Sgr de Couplets.

Dame Adélaïde-Catherine-Victoire de Crais (Crès), veuve de Louis de Sainte-Hermine, vicomte de Sainte-Hermine, mestre de camp du régiment de Bourbon-dragons, chevalier de Saint-Louis, capitaine des gardes de M. le prince de Condé, dame de Saint-Marc.

— Jacques-Louis-Henri, comte de Liniers.

Pierre-Marie Dehault de Pressensé, écuyer.

François Delpy La Roche, chevalier de Saint-Louis, capitaine des vaisseaux du roi.

— Gédéon-Henri Nicolas de Voutron.

Claude-Charles Denys de Bonnaventure, chevalier de Saint-Louis, major des vaisseaux de la neuvième escadre.

Pierre-Augustin Draud, écuyer.

Jean-Philippe Dubuc des Marnières, écuyer.

Pierre Dumarest de la Vallette, écuyer.

François Descure, écuyer (d'Escures).

Jean-Joseph Eusenou, chevalier, Sgr comte de Kersalaün.

— François-Louis Jouin, sieur de la Tremblay.

Dame Louise-Henriette de Beaucorps, veuve de Armand-Louis-Philippe du Fay, chevalier, Sgr de Vandré, Sigogné, etc.

— Jacques-Antoine-Marie de Liniers de Cran.

Aimé-Paul Fleuriau de Touchelonge, écuyer, Sgr de Touchelonge.

— Charles-Pierre Pandin de Romefort.

Jacques-Paul de Franquefort, chevalier, Sgr de la Bauge, lieutenant-colonel de cavalerie.

Demoiselles Marguerite-Magdeleine; Marie-Auguste; Marguerite-Au-
guste-Paule; Jeanne-Marie-Adélaïde de Francfort (Franquefort),
Sgresses de la Baroire.

— Henri-Augustin Baudoin de Lanoue, écuyer.

Michel-Henri de Froger de Laiguille (l'Éguille), chevalier, capitaine
des vaisseaux du roi, chevalier de Saint-Louis, Sgr de l'Éguille en
Saintonge et d'Ardillières.

— Louis de Froger, chevalier, capitaine des vaisseaux du roi, chevalier de Saint-Louis, associé de la Société de Cincinnatus.

Jacques de Gaalon, chevalier de Saint-Louis, ancien capitaine de
cavalerie, Sgr de Saint-Martin de Villeneuve.

Étienne-Alexandre de Gascq, écuyer, chevalier, Sgr du Gué d'Alleré,
chef de division des canonniers garde-côtes.

Demoiselle Marguerite-Charlotte Gaudin de Montlieu, demoiselle de la
Sgrie de Montlieu.

— Michel-Joseph Le Moyne, chevalier de Sérigny.

Joachim-François-Bernard-Paul Gayot de Mascrany, Sgr de Cramahé,
chevalier de Saint-Louis, ancien lieutenant des vaisseaux du roi.

Louis-Benjamin Goguet de Gallerande, écuyer.

Denis-Joseph Goguet, écuyer, Sgr de la Saussay.

René le Gras, chevalier d'honneur au présidial de Tours.

— René Legras, chevalier, Sgr de Mortagne la Vieille, fils du précédent.

Dame Charlotte-Victoire de Lestang de Ry, veuve de Louis-Henri-
François Green de Saint-Marsault, chevalier, Sgr du Treuil-Charay
et autres lieux, capitaine des vaisseaux du roi au département de
Rochefort, chevalier de Saint-Louis, dame du fief de Limandière, et
les demoiselles Suzanne-Victoire, Charlotte-Julie, Henriette-Catherine,
sœurs, filles des précédents.

— Le baron de Chatel Aillon.

Pierre de la Guarigue de Savigny, chevalier de Saint-Louis, chef
d'escadre des armées navales, Sgr de Chartres.

— Joachim-François-Bernard-Paul Gayot de Mascrany.

Demoiselle Justine-Élisabeth-Hélène Guillouet Dorvilliers (d'Orvilliers),
Sgresse des Grolles.

— Claude-Charles Denys de Bonnaventure.

Pierre-Étienne-Louis Harouard du Beignon, Sgr de Lajarne.

François-Henri Harouard de Saint-Sornin, Sgr de la Garde aux valets.

François-Henri Harouard, écuyer, Sgr de Saint-Sornin, du fief de
l'Herbauge et de Chermeneuil.

Jacques Bruneau Dastrelle, (d'Hastrel), écuyer, chevalier, Sgr de Ri-
vedoux, en l'île de Ré, chevalier de Saint-Louis.

Jean-Joachim de La Haye-Dumesnil (du Mesny), écuyer, ancien
capitaine d'infanterie.

Nicolas-Joachim de Lahaye-Dumesnil fils, écuyer.

Louis-Nicolas de Hillerin, chevalier, sieur de la Brande.

— Jacques-François-Geneviève de Beynac.

Claude-Philippe Huet, écuyer, Sgr de Sourdon.

— Étienne-Alexandre de Gascq.

François-Louis Jouin de la Tremblay, écuyer, Sgr de Périgny.

Jacques-Jean de Juguelard (Juglard), chevalier, Sgr de la Barre et du Petit Courdault.

— Jacques-François-Geneviève de Beynac.

Antoine Lacout, prêtre, curé primitif et archiprêtre de Burie, Sgr du fief de la Góronnière.

— Raymond de Saintours.

Dame Françoise-Alexandre Duverger, veuve et commune en biens de Marie-Jean de la Laurencie, chevalier, Sgr de Laifort, de la Crignolée et autres lieux (capitaine au régiment de Piémont, infanterie).

— Jacques-Paul de Franquefort.

Dame Angélique-Élisabeth de la Laurencie, épouse de Jean-Antoine-Honoré Masson de la Sauzaye, chevalier, Sgr de Laforest et de Lafond, ancien officier au régiment de Languedoc-infanterie, et démoiselle Marie-Anne de la Laurencie, majeure, dame de la Sgrie de Lafond.

— Charles de Saintours, chevalier de Saint-Lazare.

Jacques-Louis-Henri, comte de Liniers, colonel d'infanterie, chevalier de Saint-Louis, Sgr de la Poussardrie, et du Grand Breuil.

Dame Marie-Thérèse de Liniers, chanoinesse-comtesse de Saint-Martin de Trouard (Thérouanne);

André-Auguste de Liniers, chevalier, capitaine au régiment de Royal-vaisseaux; et

Demoiselle Marie-Thérèse-Henriette de Liniers, tous Sgrs de la chatellenie de Gran.

— Jacques-Louis-Henri, comte de Liniers.

Jean-Baptiste Macarty-Mactaigne (Mac-Carthy), chevalier de Saint-Louis, chef des divisions, major-général de la marine, au port et département de Rochefort, Sgr des Tourettes.

— Étienne-Marie-Georges Cacqueray de Valmenier.

Joseph-Roch-Sophie, chevalier de Martel, ancien chevalier de Malte.

Pierre-Charles Martin de Chassiron, écuyer, Sgr de Beauregard, etc.

Nicolas, chevalier de Maubeuge, lieutenant-colonel du régiment de Saintonge, chevalier de Saint-Louis.

Pierre-Antoine de Mauclerc, chevalier, Sgr du Bouchet, du Breuil.

— Louis de Verdal.

Ambroise-Eulalie, vicomte de Malartic, chevalier, lieutenant-colonel, commandant du bataillon de garnison du régt de Poitou, chevalier de Saint-Louis.

Honoré de Maussabré, chevalier de Saint-Louis, Sgr de la Maison-Neuve de la Prée-aux-Bœufs.

Pierre-François de Mazières, chevalier, Sgr du Passage, ancien capitaine des vaisseaux du roi.

— Antoine-Joseph de Meynard.

Dame Julie-Marie du Passage (Mazières), veuve de Pierre-Cosme de Meynard, chevalier, aide-major au régt de Touraine, chevalier de Saint-Louis, dame de l'Hommée.

— Charles-Cosme-Marie de Meynard, son fils.

Jean-Baptiste Meaume, écuyer.

Jean-Jacques Deméric (de Méric), écuyer, chevalier, Sgr de Beauséjour, capitaine d'infanterie.

Étienne-Hubert Deméric, chevalier, capitaine de canonniers garde-côtes.

Dame Jeanne-Thérèse Fourneau, veuve de Antoine de Méritens, écuyer, capitaine d'infanterie, chevalier de Saint-Louis, Sgr du fief de Coup-de-Vague, *aliàs* Queue-de-Vache.

— Nicolas, chevalier de Maubeuge.

Charles-Cosme-Marie de Meynard, capitaine au régt du Roi-infanterie.

Antoine-Joseph de Meynard, lieutenant au régt du Roi-infanterie.

Constant, chevalier de Montbel, écuyer, chevalier de Saint-Louis, major d'infanterie, Sgr de la Grange, etc.

Honoré-François-Xavier Le Moyne de Sérigny, chevalier, Sgr de Loir et de Saint-Hilaire, chevalier de Saint-Louis, ancien lieutenant des vaisseaux du Roi.

— Joseph-Hyacinthe Ribaud-Laugardière.

Michel-Joseph Le Moyne, chevalier de Sérigny, chevalier de Saint-Louis, ancien capitaine des vaisseaux du Roi, chef des classes de la marine.

Jean-Honoré-François-Xavier de Serigny (Le Moyne), ancien capitaine au régt du Roi-infanterie, chevalier de Saint-Louis, Sgr de Plantemaure, Luret et Marais de Saint-Louis en partie.

— Michel-Joseph Le Moyne, chevalier de Sérigny, son neveu.

Gédéon-Henri Nicolas de Voutron, major des vaisseaux du Roi, chevalier de Saint-Louis, Sgr de Voutron.

Dame Marie-Françoise Astière, veuve de Henri Nicolas, comte de Voutron, chef d'escadre des armées navales, chevalier de Saint-Louis, dame de Saint-Laurent de la Prée et du Bois.

— Henri-François Nicolas de Voutron, chevalier, son fils, capitaine au régt du Roi-infanterie.

Jacques-Antoine, comte de Nossay, chevalier, Sgr de Tillou et de Julles en Usseau.

— Henri Harouard de Saint-Sornin.

Laurent-Just de Nouzières, chevalier de Saint-Louis, ancien capitaine de grenadiers au régt de Lorraine, incorporé dans celui d'Aunis.

Charles-Pierre Pandin de Romefort, chevalier, ancien lieutenant-colonel du régt d'Agénois, chevalier de Saint-Louis.

Henri-Jean-Baptiste de Parnajon, écuyer, Sgr châtelain du fief de Beaumont, capitaine d'infanterie.

— Étienne-Alexandre de Gasc.

Louis-Maximilien Alexandre, comte d'Hanache, chevalier, au nom et comme tuteur et protuteur des enfants mineurs de feu le sieur marquis de Poléon (Pascaud de Pauléon), en cette qualité administrateur de la baronie de Poléon, des chatellenies de la Laigne et Millecus.

— Étienne-Marie-Georges Cacqueray de Valmenier, chevalier.

Henri-Charles de la Perrière de Roifé, chevalier, Sgr de Roifé, chevalier de Saint-Louis, lieutenant des maréchaux de France.

— Joseph de la Perrière de Roifé, fils écuyer.

Charles de la Perrière de Tesson, chevalier, Sgr de Tesson, Torigny et Fief-Herbert, chevalier de Saint-Lazare, capitaine au régt de Boulonnois.

— Jean-Baptiste, chevalier de la Perrière.

François-Gaspard–Philippe Petit-Dupetitval (du Petit-Val), chevalier, Sgr des terres et chatellenies de Loiré, Saint-Coux, Huré, la Gord, les Halles de Puilboreau et du fief de Beauchamp.

— Paul-Charles Depont (de Pont), chevalier, Sgr des Granges, de Virson, Aigrefeuille et autres lieux.

Paul-François de Pont de Virson, lieutenant au régt des gardes françoises.

Alexandre Prévost, Sgr d'Olbreuse en Usseau.

— Jacques Prévost, son fils.

Jacques-Christophe Proux de Mont-Roy, chevalier, Sgr de la Valerie, l'un des anciens chevau-légers de la garde ordinaire du Roi.

Dame Marie-Magdeleine-Julie de Gabaret, veuve de Jean-Baptiste-Joseph de Raymond, écuyer, chevalier de Saint-Louis, commandant pour le Roi en la ville de Rochefort.

— François-Joseph de Raymond, écuyer, lieutenant des vaisseaux du Roi, au département de Rochefort, chevalier de Saint-Louis.

Jacques-Bertrand de Reboul, Sgr du Treuil-Chartier, maréchal des camps et armées du roi, chevalier de Saint-Louis.

Pierre-Honoré Regnier, écuyer, prêtre, curé de Saint-Valérien en Poitou, Sgr des Grolles et de Coureilles, du Petit-Passy et de Rompsay.

— Charles Martin de Chassiron, écuyer.

Joseph-Hyacinthe Ribaud de Laugardière, chevalier, ancien officier au régt Royal-Comtois (Ribault).

Dame Marie-Anne-Thérèse Corneau, veuve de Charles–François Robert de Vérigny, écuyer, Sgr de Ronflac.

— Charles-Honoré Robert de Vérigny, écuyer, son fils.

Jean-François de la Rochefoucauld, vicomte de la Rochefoucauld, maréchal des camps et armées du Roi, chevalier de ses ordres, lieutenant pour le roi au gouvernement du royaume de Navarre et province de Béarn, Sgr baron de Surgères, la Motte Virson, Marancennes, Vouhé, Aguré, etc.

— Jacques-Louis-Henri, comte de Liniers.

Louis–Alexandre, comte de la Roche Saint–André, chevalier, Sgr de la Forest, la Baudrière, Daucher et autres lieux.

— Louis-Gabriel Ancelin de Saint-Quentin.

Pierre Rodrigues, écuyer.

Alexandre Rougier, chevalier, Sgr du Marais-Guyot, Bongrenne, et autres lieux, conseiller, procureur du Roi honoraire au présidial de cette ville.

Alexandre Rougier, chevalier, Sgr du Marais-Guyot, Bongrenne et Pucet, (fils du précédent).

Jean-François-Louis Rougier du Payaut, lieutenant dans les canonniers garde-côtes.

Charles Roulin, chevalier, Sgr de Boisseuil, d'Epannes et Chateauday.

— Louis Boscal de Réals de Mornac.

Joseph-Louis-Stanislas de Saint-Estève, écuyer, ancien commissaire des guerres.

Marie-Joseph-Bruno de Saint-Estève, officier au régiment de Vivarais.

Damien-Benjamin, chevalier de Saint-Pierre, chevalier de Saint-Louis.

Dame Adélaïde-Catherine-Victoire de Crès, veuve de Louis de Sainte-Hermine, vicomte de Sainte-Hermine, etc.
— Jacques-Louis-Henri, comte de Liniers.
Raymond de Saintours, écuyer, Sgr du Petit-Cheusse.
Charles de Saintours, chevalier de Saint-Lazare.
Dame Catherine-Julie de Lamaignière, veuve de Louis-Auguste-César de Seguin, chevalier, chevalier de Saint-Louis, dame de Chagnollet,
— De Maubeuge.
George Souchet, écuyer, grand secrétaire du Roi, maison, couronne de France et de ses finances.
Dame Charlotte-Bénigne Le Ragois de Bretonvilliers, veuve de Charles-François-César Le Tellier, marquis de Montmirail, colonel des cent Suisses de la garde du Roi, mestre de camp du régiment de Roussillon, chevalier de Saint-Louis, dame de Saint-Christophe,
— Pierre-Charles de Chertemps, comte de Seuil, baron de Charon.
Jacques-Pierre Thibaud (Thibault), chevalier, Sgr de Neuchaize, la Rochenard, la Robergerie et autres lieux.
— Jean-François-Catherine Carré de Candé, écuyer.
Charles-Louis Trudaine, conseiller au Parlement de Paris, Sgr de la Leu, Lajarrie, Fronsac et autres lieux.
— Ambroise-Eulalie, vicomte de Malartic.
Messieurs de Trudaine, Sgrs de la Leu et de la Jarrie.
Elie-François de Vassoigne, chevalier, ancien capitaine d'infanterie, chevalier de Saint-Louis, Sgr de Fouras.
— Pierre-Charles de Chertemps, baron de Seuil.
Louis de Verdal, chevalier de Saint-Louis, ancien capitaine au régiment de Penthièvre, chef de division des canonniers garde-côtes.
Etienne-Victor Viette, écuyer, Sgr de la Rivagerie.
Marc-Antoine du Vignaux, capitaine de canonniers garde-côtes.
Dame Suzanne-Marie de Villedon, veuve de Antoine de Villedon, chevalier, Sgr de Mortagne-la-Jeune, ancien capitaine de cavalerie, chevalier de Saint-Louis,
— Cosme-Joseph de Bressey, écuyer.

# LISTE DES DÉPUTÉS DES TROIS ORDRES

## AUX ÉTATS GÉNÉRAUX DE 1789.

Charles-Jean-Baptiste Pinelière, prêtre, docteur en théologie, curé de la ville et paroisse de Saint-Martin, île de Ré.

Ambroise-Eulalie, vicomte de Malartic, lieutenant-colonel, commandant du bataillon de garnison de Poitou, chevalier de Saint-Louis.

Pierre-Etienne-Lazare Griffon, Sgr de Romagné, etc., conseiller du Roi, maître ordinaire en la chambre des comptes de Paris, lieutenant général de la sénéchaussée de la Rochelle.

Charles-Jean-Marie Alquier, premier avocat du Roi en ladite sénéchaussée, procureur du Roi au bureau des finances, maire et colonel de la ville de la Rochelle.

---

# GOUVERNEMENT MILITAIRE

Le maréchal duc de Laval, gouverneur général.
Le comte de la Tour du Pin, commandant en chef.
Le duc de Maillé, commandant en second.
Le comte de Flamarens, lieutenant général.
Le comte de la Grange d'Arquien, lieutenant de Roi.

### Lieutenants des maréchaux de France.

De la Perrière de Roiffé, chevalier de Saint-Louis, à la Rochelle.
Le Roux de Clairfonds, à la Rochelle.

### Gouvernements particuliers.

Le baron de Vioménil, gouverneur à la Rochelle.
Le chevalier de Roussy, lieutenant de Roi.
Davisart, major.
De Périlles, aide-major.
Le bailli des Escotais de Chantilly, gouverneur de l'Isle-de-Ré.
De Pagès de Fallières, lieutenant de Roi.
Le chevalier de Nesle, major.
De Molmont, lieutenant de Roi.
Rabreuil de la Peroderie, major de la citadelle de Ré.
De Nesle, commandant du fort de la Prée.
Le baron de Verteuil, gouverneur d'Oléron.
Dudemaine, lieutenant de Roi.
Le chevalier Dudemaine, major.
Le chevalier d'Orville, lieutenant de Roi à Rochefort.
De la Trésorière, major.
De Lestrade, major, commandant le fort Chapus.
De Beaumont, commandant l'île d'Aix.
Le comte de Barrin, gouverneur de Brouage.
Bouland, lieutenant de Roi.
Le chevalier de Cordoue, aide-major, commandant.

(*État militaire*, 1789.)

---

# PRÉSIDIAL DE LA ROCHELLE.

(Le Présidial, de la Rochelle ressortissait au Parlement de Paris.)

Gréen de Saint-Marsault, grand sénéchal d'Aunis.
Griffon, maître des comptes, lieutenant général.
Grissot de Passy, lieutenant criminel.
Casson, lieutenant criminel honoraire.
Carré de Candé, lieutenant particulier.
Seinnette, assesseur criminel.

Viette de la Rivagerie, doyen.
Laboucherie de Varaise, clerc.
Moine du Vivier.
Boutet.
Mascaud-Dudoret.

Regnaud.
Rougier, procureur du Roi honoraire.
Alquier, avocat du Roi.
Regnault, greffier en chef.

# GÉNÉRALITÉ DE LA ROCHELLE.

(PAYS D'ÉLECTION)

1781. De Guéau de Réverseaux, chevalier, marquis de Réverseaux, comte de Niermaigne, Sgr châtelain de Theuville, etc., maître des requêtes, intendant.
Dumarest de la Valette, premier secrétaire.
Bruna de Saint-Joseph, secrétaire du cabinet.
Gilbert, subdélégué général.

### BUREAU DES FINANCES ET DOMAINES.

Gilbert, doyen.
Gilbert de Jouy.
Martin de Chassiron.
Le Febvre Dufresne.
Cadoret de Beaupréau.
Pierre Rodrigues.
Lessenne.
Léon Rodrigues.
Carré de Candé.

Dufaur de Chatelars.
Chaudruc de Crasanne, chevalier d'honneur.
Seignette-Desmarais, avocat du Roi.
Alquier, procureur du Roi.
Touchebœuf-Lecomte et Cossin, greffiers en chef.

*Receveurs généraux.*

Le Normand de Champflay.
Léger.

Léger de la Grange, en survivance.
Faure, receveur particulier.

Charpentier de Longchamps, contrôleur général des domaines.

(*État des Cours*, 1788.)

# CATALOGUE

DES

# GENTILSHOMMES DE SAINTONGE.

## SÉNÉCHAUSSÉE DE SAINTES.

*Procès-verbal de l'Assemblée générale des trois ordres de la sénéchaus-
sée de Saintes et des bailliages secondaires d'Oléron, Taillebourg et
Tonnay-Charente* (1).

16 mars 1789.

(*Archiv. imp.*, B. III, 139. p.230-271.)

### NOBLESSE.

Arnould-Claude Poute, marquis de Nieuil, comte de Confolens, Sgr de
  Chateau-Dompierre, Ville-Favard, Rouilly et autres lieux, chef d'escadre, commandeur de Saint-Louis, grand sénéchal de ladite sénéchaussée.

---

(1) Nous croyons devoir faire observer qu'un certain nombre de familles nobles ont
pu ne pas figurer dans les assemblées de Saintonge, pour cause d'absence, de maladie ou d'abstention.
  Cette liste a été collationnée sur le livre M. de la Morinerie cité plus haut, et sur le
*Procès-verbal de l'Assemblée des trois ordres*, publié à Saintes en 1863, chez Fon-
tanier, libraire ; broch. in-8°.

Le comte d'Amblimont-Fuschamberg, et pour
— de Verthamon, Sgr de Barret.
Simon de la Porte aux Loups, chevalier,
— la dame Pignot, veuve de la Porte.
Charles-Thomas de Vallée, chevalier,
— la dame de Mariolle, veuve de Léon de Beauchamp.
— la dame Marguerite Devallée (de Vallée), veuve d'Antoine
de Beaupoil de Saint-Aulaire.
Jean-Grégoire, vicomte de Saint-Légier,
— la dame Grézin (Green) de Saint-Marsault, veuve de Hector
de Saint-Légier,
— la dame Jeanne de Saint-Légier, chanoinesse, comtesse
d'Humblières.
Henri de Jaubert, chevalier,
— de Taillerand (Talleyrand), comte de Périgord ;
— Thomas de Pressac.
Charles de Couvidou, chevalier,
— demoiselle de Marin,
— dame de Marin, veuve de Olivier de Queux.
Philippe de Laage,
— dame Marguerite Guinot, veuve de Jacques de Laage,
— Jacques-Josué de la Cour.
François-Raymond de Bouet du Portal, chevalier,
— la dame de Montlevrier, veuve de Jacques de la Barre de
Vessière.
Julien-Gilbert, comte du Chaffaut,
— la dame Henriette-Marie de Boucaud, veuve de Mathieu,
comte de Macnémara.
Charles-Michel Martin de Bonsonge,
— de Latournerie.
Jacques, comte de Luc,
— Louis-Joseph Dalbi (d'Alby), comte de Chateaurenard,
— Coustin, marquis de Caumont.
Dominique Vigoureux de la Roche, chevalier,
— Demoiselle Marie Berthinneau.
Claude-Jean-Baptiste, vicomte Turpin de Jouhé,
— Joseph-Jacques, comte de Courbon,
— Jacques-David-Léonard, comte de Caupenne.
Alexandre Froger de la Rigaudière,
— Fresneaud.
Guillaume de Beaucorps, chevalier,
— la dame du Souchet, veuve de François de Beaucorps,
— la dame Rose Paillot, veuve de Joseph de Bertineaud.
Auguste Célestin-Hyacinthe du Petit-Thouars,
— la dame Morisseau, veuve de François-Alexandre Etourneau,
— Pierre de Chièvres, chevalier.
Charles, comte de Blois,
— Pierre de Bigot de Beaulon,
— Charles-Gabriel Dauzy (d'Auzy),

Henri-Auguste de Froger,
    — de Froger de la Rigaudière,
    — Alexis de Froger.
Léon, comte de la Marthonnie,
    — Jean-Raimond de la Lande,
    — la dame du Breuil de Fonreau.
Jean-Auguste, comte de Saint-Légier,
    — Michel des Mothes,
    — Gaspard-Armand de la Porte.
Raimond de Richier, chevalier,
    — la dame Robert, veuve de Moncarty (Mac-Carthy),
    — Jean-Jacques, chevalier d'Isle.
Jean-Odon Grenier de la Flotte,
    — Grenier de la Sauzaye.
Léon, comte Danières (d'Asnières).
    — la dame de Berthineaud,
    — le comte Achard de Balanzac.
Jean Lemouzin, chevalier.
    — Jean de la Cour,
    — la dame d'Aunis, veuve de Jean-Gabriel Lemouzin.
Nicolas Faucher de la Ligerie,
    — la dame de Grefin, veuve de M. du Cros de Gémaudeville.
Louis de Rigaud, comte de Vaudreuil,
    — Lemoine de Serigny.
Joseph-René le Fourestier de la Roumade,
    — le chevalier de la Porte.
    — de la Faye de Brossac.
Le vicomte de Beaumont de Courson,
    — de Madronnet,
    — Charles des Arnaux.
Gabriel de Villedon,
    — la dame de Brémond, chanoinesse-comtesse de Metz.
Eutrope-Barnabé Pichon,
    — le chevalier d'Hérisson,
    — François de Goubert.
Paul-Charles Dubreuil, comte de Guiteau (du Breuil de Guitaut),
    — la dame de Montguyon, veuve de M. Dubreuil, comte de
       Guiteau,
    — la dame Haranger du Ménil-Rolland, veuve du comte de
       Chavagnac.
François Bérauld, chevalier du Pérou,
    — la dame Huon, veuve du marquis de Hionques,
    — demoiselle Bérauld Dupérou,
    — Dupérou, prêtre,
    — Bérauld-Dupérou.
Charles, comte Delivenne (de Livenne),
    — Delacroix du Repaire,
    — Maurice de Verthamon.
Charles, marquis Decaillères (de Caillères),
    — Decaillères, son frère.

André-Jean Green de Saint-Marsault,
>    — Green de Saint-Marsault,
>    — de Cormainville.

Joseph-Paul-Jean, comte de Lage de Volude,
>    — marquis de Mons,
>    — marquis de Lage de Volude père.

Antonin-Jacques-Joseph, comte de Luc fils,
>    — la dame de Saint-Mathieu, veuve d'Alexandre de Frétard,
>    — Jean-Pierre du Cros de Ville.

Michel, vicomte du Bouzet,
>    — la dame de Berthon, veuve de M. de Barbeyrac de Saint-
>    Maurice.
>    — de Barbeyrac de Saint-Maurice.

Charles Malvin, marquis de Montazet,
>    — de Dampierre.

Pierre de Luchet, chevalier,
>    — Deluchet (de Luchet),
>    — Dérisson (d'Hérisson).

Charles-Antoine Huon de Rosne,
>    — de Marbottin de Conteneuil.

René, marquis Daiguière (d'Aiguière),
>    — des Moulins de Masperier,
>    — Guenon de Saint-Seurin.

Louis Poncharal, chevalier de Pouliac,
>    — François de Verthamon.

Pierre de Boscal de Réals, comte de Mornac,
>    — Berthinneau de Saint-Seurin,
>    — la dame Berthinneau, veuve de M. de Guittard.

Étienne Compagnon de Thézac,
>    — de Rouvroy, duc de Saint-Simon.

Le chevalier de Cours,
>    — de la Sauzaï (Sauzaye).

Michel-Henri Froger de Léguille,
>    — de la Baume-Pluvinel,
>    — la dame de Lizardois,
>    — de Voutron (Nicolas de Voutron).

Joseph Dupont-Duchambon (du Pont du Chambon),
>    — la dame de Casrouge, veuve de M. Mossion de la Gontrie,
>    — de Lafaye de Brossac.

Gabriel-Isaïe Lemouzin, baron de Nieuil,
>    — de Coutray de Pradel.

Charles-Joseph, vicomte de Cairon-Merville,
>    — la dame de Calvimont, veuve du comte de Cairon de Mer-
>    ville.

Le comte de Grailly (de la maison de Foix-Grailly),
>    — Le Comte,
>    — la dame Massiot, veuve de M. de Rossel.

Etienne, chevalier Dexmier d'Archiac,
>    — demoiselle Dexmier de Saint-Simon d'Archiac.

François de Loizellot,
— la dame Anné Michel, veuve de Alexandre de Valles.
Joseph-Pierre des Robert,
— la dame de la Marthonie, épouse du comte de Lescours.
Pierre-René, comte de Brémond d'Ars,
— la dame de Brémon-Dars, veuve du marquis de Verdelin,
— la dame Leforestier, épouse de M. Crépin de la Chabosselay.
Jean-Louis, chevalier de Brémon (Brémond),
— de Bégeon,
— Dussaud.
Pierre-Charles-Auguste, vicomte de Brémond,
— de Bouchard-d'Esparbès de Lussan, comte de Jonzac, et
des enfants mineurs de M. Demane (de Manes).
Jacques-Gaspard, vicomte de Turpin,
— le duc de Mortemart,
— marquis d'Isle.
Nicolas-Prosper, vicomte de Montalembert de Cers,
— le duc de la Tremouille,
— la dame de Senectère,
— le maréchal de Conflans.
Alain-Xavier, comte d'Abezac (Ahzac),
— baron de Saint-Disant.
Gui de Beaupoil, chevalier de Saint-Aulaire de Brie,
— la dame Amelot, veuve du comte de Bachoué,
— de Saint-Aulaire de Brie.
Léon, comte de Beaumont,
— la dame de Beaumont, veuve de M. de Feuillans, comte de
Montierneux,
— la dame de Montulé, épouse du marquis du Chillau,
— le marquis du Ménil-Simon,
— de Gréfin, chevalier de Jovelle,
— le chevalier Degréfin.
Charles-Henri de Beaucorps, baron de Lilleau,
— la dame du Pin de Bellugard.
Jean-Antoine, vicomte de Cours,
— de Méritens-Derrios (d'Arros),
— la dame Second, veuve de M. de Lombard,
— la dame de Bachoir (Bachoué), veuve de M. Delestrade
(de l'Estrade),
— Lafutzun de la Carre,
— demoiselle de la Guinalière,
— le comte de Tison,
— Le Coigneux.
Arnould-Claude Poute, marquis de Nieuil, grand sénéchal,
— la dame de Poute, veuve du marquis de Blénac.
François Horric de la Roche-Tollay père,
— Le Berthon, baron de Bonnemie,
— de Loubert.
Gabriel de Lestrange, chevalier,
— la dame de Lestrange, veuve de M. de Courcelles de Rigaud,

— Jean de Ransanne de Charbon-Blanc.
Pierre-François Deripe (de Rippe), chevalier de Beaulieu,
  — Deripe de Sainte-Leurine,
  — Deripe de Beaulieu.
Marc-Antoine, marquis de Cumont,
  — Priqué de Grippeville, chevalier,
  — de Ballias de Laubarède.
François-Louis, vicomte de Mallet,
  — de la Mothe-Criteuil,
  — demoiselle de Saint-Aulaire de Parsay.
Charles de Fradin,
  — de Guérin de Létang,
  — la dame de Fradin, veuve de M. de Toyon.
Jacques, baron de Restier,
  — Depindray (de Pindray).
Joseph du Bois, chevalier,
  — Dubois de la Gravelle.
Le marquis de Lafaye,
  — marquis de Raimond,
  — de Bouran, chevalier.
Henri-Gaspard de la Porte aux Loups, chevalier,
  — la dame de Livenne, veuve du marquis de Linars.
Michel de Toyon,
  — de Toyon, chevalier, Sgr du Trotard.
François de Berthelot du Couret, chevalier,
  — Jacques-François Drouet,
  — de Rippe de Beaulieu.
Bernard de Bonnevin,
  — Bernardeau de la Briandière.
François, chevalier de Pindray,
  — de Pindray,
  — Chapelle de Jumilhac.
Anne-Jérôme Delaage (de Laage),
  — de Cosson de Guimps.
Jean, baron de Latour de Geay,
  — la dame de Guinot de Monconseil, épouse de M. Dalzasse
   (d'Alsace), prince d'Hénin.
Ancelin, chevalier de Bernésard.
Louis Ancelin de la Garde.
Le comte Henri Daiguière (d'Aiguière).
Harpedane, comte de Belleville.
Daiguière.
Le marquis de Lange-Comnène.
Le comte Danière, père (Asnières).
De Beaupoil, marquis de Saint-Aulaire.
De Beaupoil de Saint-Aulaire, chevalier.
Dohet de Boisron.
Beaupoil de Saint-Aulaire, chevalier.
Le baron de Bonnefoi de Brétonville.
Nicolas de Bussard.

Boudon de la Combe.

De Court.

Louis de Couvidou de Saint-Palais, chevalier, fils.

Le marquis de la Chambre.

De Coulon du Genty.

Dubois-Lande.

Charles-François-Ferdinand Dupont du Chambon.

Le vicomte du Ménil-Simon.

Le duc de la Rochefoucauld.

Dauray, comte de Brie (d'Auray).

De Robert Dupin.

Le baron de Foucaud.

De Flambart de Bessac.

Faucher de la Ligerie fils.

Le chevalier de Fleurians.

De Flambart de Vibrac.

De Flambart des Arnaux.

Le chevalier de Flambard.

Gui de Ferrière.

Horric de Laugerie.

De la Romagère, baron de Fontaine.

Le marquis de la Roche-Courbon.

De la Croix de Besne.

Le comte de la Roche-Courbon.

De la Croix de Saint-Cyprien.

Meauduit de Kerliviou.

Antoine de Malvin, comte de Montazet.

De Masne.

Le chevalier de Moncourier.

Mossion de la Gontrie.

De Meauville de Langle.

Le baron de Mallet.

Pottier de Pommeroy.

Pichon de la Gord.

Pichon de Richemont fils.

Louis-Eutrope-Alexandre de Poncharral, marquis de Pouliac.

De Guessard de Beaulieu.

Saulnier de Beaúpine.

Le chevalier de Salbert.

Le comte de Salbert.

Armand le Gardeur Dethilly (de Tilly), chevalier.

Valet de Salignac.

Charles de Boudins, vicomte de Venderbourg.

Vétat de Chandoré (Champdoré).

Vasselot de la Chenaye.

Deguérin (de Guérin).

Le chevalier de Guinot.

Étienne Guenon des Ménard.

Le comte de la Tour du Pin, commandant en chef de la province de Saintonge.

Louis Badiffe de Vaujompe.
Jean-François Hillairet de Boisferron.
Élie-François Devassoigne (de Vassoigne).
François de l'Isle de Beaulieu (de Lisle).
Pierre de Masvallée.
Emmanuel Horric de la Rochetollay.
Pierre Horric de la Rochetollay.
Le chevalier d'Aiguières.
Le chevalier Faucher de la Ligerie.
Emmanuel-Cajetan le Berthon de Bonnemie.

## BAILLIAGE SECONDAIRE D'OLÉRON.

### 11 mars 1789.

*(Archiv. imp. B. III. 139, p. 723-727.)*

Jacques-Barthélemy Michel, baron de Saint-Dizant, Sgr baron de la ville et baronie du château de Saint-Trojan.

Dame Geneviève de Bachoué, veuve de Joachim de l'Estrade, dame des fiefs de Poitiers, huitain et quatorzain.

Demoiselle Claire Guy de la Guignolière, (Guinalière), majeure, pour la Sgrie d'Andiogne.

Jean Lafutzun, chevalier de la Carre, capitaine au régt de Saintonge, Sgr de Meslin.

Raimond de la Lande, avocat général au parlement de Bordeaux, pour la terre Sgrie du marquisat de Saint-Pierre de Limeuil.

Dame Robert, veuve de Denis de Mac-Carthy, pour la Sgrie de la Martière.

Louis-François de Loubert, écuyer, Sgr de l'Eguille.

Jean-Antoine, vicomte de Cours, chevalier de Saint-Louis, capitaine au régt de la Sarre, Sgr de la Cailletière.

Fresneau, écuyer, Sgr de la Parée et de Trillon.

De Gourgues, chevalier, conseiller du Roi en ses conseils, président au parlement de Paris, pour la baronie de Rabaine.

Griffon, écuyer, Sgr de Ponthezière.

Pierre Martin de Chassiron, pour la baronie de Chassiron.

Le Coigneux, marquis de Bélabre, pour sa terre et baronie d'Oléron.

Guillaume-Marie Le Comte, marquis de la Tresne, Sgr de Matha, etc.

Le Mouzin, baron de Nieuil, Sgr de Méré.

Louis d'Etizon (de Tizon), Sgr de Méré.

Coustin de Bourzolles, Sgr de Bussac.

Dame Marie-Anne Second, veuve de Louis Lombard, chevalier de Saint-Louis, capitaine de vaisseau, Sgr de la Guinallière et Palpalonnière.

Dame Marie-Adrienne de Griou, veuve de M. d'Eauga (d'Auga), pour la Sgrie de Bussac.

Charles-René Darros (d'Arros), écuyer, Sgr du Montet.

## BAILLIAGE SECONDAIRE DE TAILLEBOURG.

### 12 mars 1789.

(*Archiv. imp.* B. III. 139, p. 878-882.)

S. A. madame la duchesse de la Tremoïlle, dame de Taillebourg.
Le duc de Biron, Sgr de Brisembourg.
Le marquis de Sainte-Hermine, Sgr de Coulonges et Agonnay.
Gaillard, Sgr de la Chaussée et d'Anville.
Le comte de Ponthieu, Sgr de Forgette.
De Sérigny, chevalier de Saint-Louis.
De Brémond, Sgr de Brandes.
De Bégeon, Sgr en partie de Sainte-Mesme.
D'Amblimond, Sgr du Bouquet.
De Beaubene (Bobène), Sgr de l'Épinière.
La marquise de Monbas, dame des Rases.
De la Verné, Sgr de Bernéré.
M^me de Séris, veuve de M. de Saint-Georges, dame de Voissay.
De la Baume, Sgr de la Galernerie.
M^me Gelé, veuve de M. de Concarré.
M^me Dupaty, dame de Bussac.
De Tilly, Sgr de Beaulieu.
De Laage, Sgr du d'Houet (Douhet).
De Goulard, Sgr de la Leard et la Gireaud.
Normand d'Authon, Sgr de la baronie d'Authon.
D'Aussy, Sgr de Nantillié.
M^me de Tudert, dame d'Ébéon.
M^me de Saint-Mathieu, veuve de M. d'Ecoyeux, dame d'Ecoyeux.
Detouche, Sgr de Saint-Bris.
De Sartre, Sgr de Vénérand.
De Turpin, Sgr de Lemun (du Mung).
De Bauchant (Beauchamps), Sgr de Champfleury.
De Blénac, Sgr de Champdolant, Bors et Archingeay.
M^me de Lizarday, dame de Bélébat.
De Sossiondo, Sgr de la Vallée.
M^me Daubin, dame de Monmouzon.
De Beaubenne, fils, Sgr du Treuil-Chollet.
De Brilhac, Sgr de Grandjeans.
De Bénac, Sgr de la Brandière.
De Saint-Mandé de la Longeville, Sgr de la Leigne.
M^lle de la Grange, dame des Fontaines.
M^me veuve Gaillard, dame de Laleu.

## BAILLIAGE SECONDAIRE DE TONNAY-CHARENTE.

12 mars 1789.

(*Archiv. imp.*, B. III. 139, p. 967-970.)

De Rochechouart, duc et pair de France, prince de Tonnay-Charente.
Gaston de Cours, Sgr du Parc d'Archiac.
Masson, Sgr de la Forest et Préclaireau.
Masson, Sgr en partie de Luxant.
De Salbert, Sgr de Forges.
Demoiselle d'Hérisson, dame de la Gachetière, le Boissiou et Cabariot.
Le sieur Grimoire (Grimouard), Sgr de l'Hommée.
De la Tour, écuyer.
La dame veuve du sieur de la Taste, Sgresse du Chatelet.
D'Hérisson, Sgr du Grand Péré.
Le marquis de la Roche du Maine, Sgr de Candé.

---

# SÉNÉCHAUSSÉE DE SAINT-JEAN-D'ANGÉLY.

*Procès-verbal de l'élection de Monsieur le député de l'Ordre de la noblesse.*

23 mars 1789.

(*Archiv. imp.*, B. III. 137. p. 105-113.)

Guillaume-Alexandre, marquis du Bois de Saint-Mandé, chevalier,
Sgr de l'Aubonnière, Lespinière et autres lieux, ancien capitaine de
dragons, chevalier de Saint-Louis, président de la noblesse de la
sénéchaussée de Saintonge, séante à Saint-Jean-d'Angély.
Le vicomte de Brie (d'Auray), commissaire.
Le chevalier Louis de Livenne d'Orvillers.
D'Orvilliers, chevalier d'Anglars.
Mauclerc.
Le chevalier de Vaublanc.
D'Anglars père.
De Villedon de Sansay.
Le vicomte de Lescours.

Le chevalier de Nicou.
Chabot de Gironville.
Du Roulin.
Le chevalier Gaillard de Landes.
De Chabot jeune.
Le chevalier de Félix.
Mallat de la Bertinière.
De Laperrière père.
De Montrillon.
Boussart de Saint-Fort.
Le chevalier de Jauvelle oncle.
Griffon père.
De la Lande Saint-Étienne.
De Gaudin du Cluseau.
Castin de Guérin fils.
Du Bousquet d'Argence.
Pallet.
Gaillard de Blacvold.
De la Perrière de Roiffé.
La Laurencie de Chadurie.
Chevreuil de Romefort.
Chevalier du Chausset.
Griffon du Bellay.
Le comte du Bois de Saint-Mandé, commissaire.
De Laperrière de Ressort (de Tesson).
Masson de la Sauzaye.
De Meschinet.
Castin de Guérin.
Mesnard de la Racherie (de la Tascherie).
De Pons-Maureville.
Griffon de Beaumont.
Daubenton (d'Aubenton).
Le chevalier de Brilhac.
Le comte de Cherisey.
Le chevalier de Montbel d'Izeure.
De Brie d'Audreville (d'Auray de Brie).
Castin de Guérin.
Le marquis du Fay de la Taillée.
De Boscal.
De la Laurencie de la Roche.
Le vicomte de la Baume (la Baume Pluvinel).
Gaillard, père.
Le Moyne de Puychenin.
Bernard de Chavagne.
Le comte de Saint-Martin.
Masson, chevalier de la Sauzaye.
Guibert de Landes.
Le chevalier de Lastre.
Le vicomte de la Laurencie de Charras.
Griffon de Pleineville, père.

Le marquis de Charras (La Laurencie).
Musnier de Pleignes.
Du Bois de Landes.
Le baron de Chausen (Chauvene).
Le comte Aymer de la Chevallerie.
Le marquis de Begeon de Sainte-Mesme.
Le Mercier de Jauvelle, père.
Mallevault de Vaumorant.
Le Mercier de Jauvelle, aîné.
Le marquis de Beauchamps.
Le marquis du Bois de Saint-Mandé, président.
Perraudeau, secrétaire.

---

# LISTE DES DÉPUTÉS DES TROIS ORDRES

## AUX ÉTATS GÉNÉRAUX DE 1789.

### SAINTES.

La Brousse de Beauregard, chanoine régulier de Chancelade, prieur-curé de Champagnolle.
L'évêque de Saintes (Pierre-Louis de la Rochefoucauld-Bayers).

De Richier, gentilhomme de Marennes.
Le comte de la Tour du Pin, lieutenant général, commandant la province.
Le comte de Brémond d'Ars remplace M. le comte de la Tour du Pin, nommé ministre de la guerre.

Garesché, négociant, à Nieule, près Marennes.
Lemercier, lieutenant général criminel du présidial.
Augier, négociant, à Charente.
Ratier de Montguyon, avocat.

### SAINT-JEAN-D'ANGÉLY.

Landreau, curé de Moragne.

Le marquis de Beauchamps (Charles-Grégoire), mestre-de-camp de cavalerie, chevalier de Saint-Louis.
Le marquis de la Laurencie-Charras, suppléant.

Jean-Joseph de Bonnegens, lieutenant général en la sénéchaussée.
Michel-Louis-Étienne Regnault, avocat en parlement.

# PRÉSIDIAL DE SAINTES.

(Le Présidial de Saintes ressortissait au Parlement de Bordeaux.)

Le Berton, président, lieutenant général civil et de police.
Le Mercier, président, lieutenant criminel.
Fonremis, lieutenant particulier.
Fourchaud, assesseur.
Berry, doyen.
Vieuille.
Fonremis.
Bourdeille.
Dangibaud du Pouyaud.
Landreau.
Limal, avocat du Roi.
Beaune, procureur du Roi.
Brejon de la Martinière, avocat du Roi.
Brunet, greffier en chef.

(*État des Cours*, 1788.)

# CATALOGUE

DES

# GENTILSHOMMES D'ANGOUMOIS.

———⬥———

## SÉNÉCHAUSSÉE D'ANGOULÊME.

*Procès-verbal de l'Assemblée générale des trois ordres de la séné-
chaussée d'Angoulême et du bailliage de Cognac (1).*

16 mars 1789.

(*Archiv. imp.*, B. III. 8. 171, p. 214-263; 377-386; 437-458; 471-508.)

### NOBLESSE.

Pierre de Lageard, chevalier, Sgr comte de Cherval, du Bombet Saint-
Martial, Viveroux, Grésignac, sénéchal d'Angoumois, assisté de
Louis Le Meunier, chevalier, Sgr de Blauzac, Raix et Roussignac, conseiller d'État, lieutenant général en la sénéchaussée et siége présidial d'Angoumois.

(1) Nous croyons devoir faire observer qu'un certain nombre de familles nobles ont
pu ne pas figurer dans les assemblées de l'Angoumois, pour cause d'absence de maladie
ou d'abstention.
Cette liste a été revue et corrigée sur les procès-verbaux conservés au greffe du
tribunal civil d'Angoulême, publiés par M. Charles de Chancel, sous ce titre : *l'Angoumois en 1789*, un vol. in-8°. Angoulême 1847.

Le marquis de Saint-Simon, pour lui et pour
- Mgr le comte d'Artois, duc d'Angoulême, à cause de son
apanage,
- le comte de Jumilhac, Sgr de Chenaux, lieutenant général
des armées du Roi, gouverneur de Philippeville,
- M^{me} veuve du Rozier, dame Duras.

Deschamps de Romefort, ancien premier capitaine commandant du
régiment des chasseurs des Ardennes,
- Deschamps, Sgr de la Chalousie,

Birot de Brouzède,
- Dutillet, Sgr d'Aubevie,
- Bidé de Maurville de Beauvais, major de vaisseau, Sgr de
la Motte-Charente.

Birot de Ruelle, ancien sous-lieutenant des gardes du corps,
- Birot de Ruelle, son frère, Sgr du Maine-Gagnaud et de
Ruelle.

De Chevreuse du Vallon,
- Dusoulier, ou de Souliers, de Saint-Cloud, lieutenant-colonel
de cavalerie, Sgr de la Broussadie.
- Mesdames de Regnault, dames du fiefs de Coüé.

Le comte Antoine de Balathier,
- M^{lle} de la Laurencie, dame de Pillac, au marquisat d'Au-
beterre,
- Dupuy-Montbrun, colonel d'infanterie, Sgr du Brisonneau.

De Rémondias,
- de Tryon, Sgr de Salles,
- la dame veuve de Corgniol, Sgresse de la Touche.

Le vicomte Dulau, ou du Laud, Sgr de l'Age-Baston, major d'infanterie,
- la dame Marie Guyot, veuve de Pierre, marquis de Montalembert, enseigne des vaisseaux du Roi, Sgr de Saint-Amant
de Bonnieure,
- le vicomte Dulau, lieutenant-colonel du régiment de Saintonge, Sgr de Cellettes.

De Chambes,
- la dame veuve de Lambertie de Beaucorps, Sgresse de
Sigogne.

Avril de Masquinand,
- la dame Avril, veuve du marquis de Goulard, mestre-de-
camp de cavalerie, Sgr du Roulet.

Avril de Gregueuil, capitaine au régiment de la Sarre,
- Avril, son frère, Sgr des Roussières.

De Livron de Puividal,
- de Livron, père, Sgr de Salmase,
- de James, ancien maréchal des logis des gardes du corps,
Sgr de Saint-Vincent.

Le chevalier de Chabrot, capitaine au régiment de Saintonge, chevalier
novice des ordres de N.-D. de Mont-Carmel et de Saint-
Lazare,
- Marie-Souveraine Perry de Saint-Auvant, veuve de Jacques-
Louis Durousseau de Ferrière Sgr de Ferrière,

— le baron de Chastaignier, Sgr du Lindois.

Le comte de Lambertie, fils, Sgr de la Fenestre, capitaine au régiment de Chartres-dragons,
— de Lambertie, son père, Sgr de Menet.

De Bourgon, père, Sgr de Laubarière,
— de Raymond, Sgr de Saint-Germain.

Le marquis de Mastin, ancien capitaine de cavalerie, Sgr d'Aignes,
— Petit de la Seguenie, ancien lieutenant de cavalerie, Sgr de la Touche,
— Jourdain de Boistillé, comte de Rouffiac, colonel au service de Sa Majesté Catholique, Sgr de Rouffiac.

Charles Normand de Garat, lieutenant des vaisseaux du Roi,
— le chevalier d'Abzac, capitaine au régiment de la marine, Sgr de Costeroux,
— Perry de Nieuil, Sgr de Moussac.

Le chevalier de Lusignan,
— de Fournel, Sgr de Limérac,
— de Lafaye, Sgr de Champlorier.

De Conan, ancien capitaine, aide major au régiment de Poitou, Sgr de Fontenille,
— le vicomte de Chaban, Sgr de Montmalant,
— Mme Gabrielle d'Abzac, veuve du comte de l'Estrade, Sgresse de Salignac.

Le baron de Plas, colonel d'infanterie,
— de la Tour du Pin-Gouvernet, marquis de la Roche Chalais, lieutenant général des armées du Roi, commandant des provinces de Poitou, Aunis et Saintonge, Sgr d'Ambleville,
— le comte de Plas, son frère, Sgr de Lignères.

Guillet du Plessis, de Cognac,
— Philippe Guillet, conseiller du Roi, son avocat honoraire en la sénéchaussée de Cognac, Sgr de Saint-Martin,
— Guillet de Fontenelle, Sgr de Fontenelle.

Pierre-Ausone de Chancel, puîné, avocat,
— D'Orfeuille, Sgr des Egaux,
— Gorret des Fourniers, Sgr des Fourniers,

Jean-Nestor de Chancel, l'aîné, capitaine d'infanterie, aide maréchal général des logis de l'armée,
— le comte de Saluces, Sgr d'Aizec,
— Mme Charlotte du Theil, veuve de M. de Regnault, Sgr des Fontaines, relevant du marquisat de Ruffec.

Fé de Ségeville, lieutenant général en la sénéchaussée de Cognac,
— François Fé, Sgr de Ségeville,
— de Bernard, Sgr de Luchet.

Charles Guyot d'Ervaud, garde du corps,
— Armand Guyot, son père, Sgr du Magnou,
— Jacques Guyot, son frère, officier au régiment provincial de Saintonge, Sgr des Giraudelles.

Guitard de Ribérolle, capitaine de cavalerie,
— Marguerite Normand, veuve de M. de Crozant, Sgr de Rivières et de la Cony,

— Sébastien et Jean-Baptiste de Crozant, Sgrs de Rivières.
Le marquis de Girac, major en second du régiment d'infanterie de
   Normandie,

> — Benoit Le Camus, Sgr châtelain et patron de Néville, an-
> cien conseiller au Grand Conseil, maître des requêtes, in-
> tendant de justice, police et finances de la généralité
> d'Aquitaine, Sgr de Bourg-Charente.

De Lambert des Andreaux, lieutenant particulier de la sénéchaussée,

> — de Lambert, son père, Sgr de Font Froide,
> — M<sup>lle</sup> de Lambert, Sgresse du Maine-Bonpart.

Boisson de Rochemont, colonel de dragons,

> — Le Coq de Boisbaudran, Sgr de Beauchais,
> — Le marquis de Richeteau d'Hairvault, fondateur de l'église
> et abbaye dudit lieu, ancien officier de la première com-
> pagnie des mousquetaires, Sgr de Montigné.

D'Hémery de Labrégement,

> — Pharamond Pandin de Narcillac, baron de Tonnay-Bou-
> tonne, première baronie de Saintonge, Sgr de Beauregard,
> — M<sup>me</sup> Gabrielle Perry de Nieuil, veuve de Louis Dexmier,
> marquis de Chenon, Sgr de Domezac.

De Vassoigne père, sieur de la Bréchinie,

> — de Villars de Poutignac, Sgr du Breuil.

René de Vassoigne fils, capitaine de cavalerie au régiment Royal-Po-
   logne,

> — Jean de Galard de Béarn de Nadaillac, Sgr du Repaire.

De Rossignol,

> — Jean et Pierre Poitevin de Fontguyon, frères, barons du
> Saint Empire romain, directeurs généraux des fonderies du
> Roi, à Strasbourg, Sgrs de Fontguyon.

Arnault de Ronsenac,

> — Green de Saint-Marsault, grand sénéchal d'Aunis, Sgr des
> Bouchaux.

Terrasson de Montleau,

> — Alexandre-Guillaume de Galard de Béarn, comte de Brassac,
> baron de la Roche-Beaucourt, etc.
> — le marquis de Chouppes, mestre-de-camp, Sgr de Torsac,
> du chef de Madame de Chouppes, née de Laplace.

Louis, comte de Sainte-Hermine, capitaine au régt des dragons de
   Bourbon,

> — de Pressac, Sgr de Brettes,
> — M<sup>lle</sup> Marie de Chasteigner, Sgresse de la Tour des Brettes.

Valleteau de Chabrefy,

> — M<sup>me</sup> de Brémond d'Ars, veuve du marquis de Verdelin,
> ancien maréchal des logis des camps et armées du roi,
> Sgr d'Ars,
> — M<sup>me</sup> de Verthamont, comtesse de Lavaud, Sgresse de
> Marillac-le-Cerf.

De Bardines,

> — de Brémond d'Ars, Sgr de Dompière,
> — M<sup>me</sup> veuve Nadaud, Sgresse de Nouère.

Regnault de Roissac, ancien mousquetaire du Roi,
— le comte de Barberin, ancien capitaine de cavalerie, chambellan de S. M. le Roi de Prusse, Sgr du Bost,
— de Perry, comte de Saint-Auvant, lieutenant pour le Roi dans la province de Poitou, Sgr de Montmorillon.

Le marquis de l'Étang de Rulle,
— le vicomte Charles de Saint-Simon, Sgr des Doucets,
— le marquis Marc-René de Montalembert, maréchal des camps et armées du Roi, gouverneur de Villeneuve d'Avignon, Sgr de Maumont.

Jean Sazerac, l'aîné, conseiller du Roi, receveur des eaux et forêts d'Angoumois,
— de Goïret, Sgr de la Martinerie.

De Jean de Jovelle,
— de Sanzillon, Sgr de Pouzolle,
— Thibault de la Brousse, marquis de Verteillac, gouverneur, grand sénéchal et lieutenant de roi héréditaire de la province de Périgord, maréchal des camps et armées du Roi, Sgr de la Tour Blanche.

De Malet, sieur de Malaville,
— le comte de Roffignac, brigadier des dragons, Sgr de Belleville.

Hector de Pressac, Sgr de Lioncel, ancien capitaine au régt d'infanterie de Chartres,
— de Pindray, Sgr de Gadebors,
— Mlle Deluchat de Roche-Coral, Sgresse d'Etriac.

Louis de Pindray,
— Descravayat, Sgr d'Esterce,
— MM. Maron d'Excideuil, gardes du corps, Sgrs de la Bonardelière.

François de Chergé, sieur de Fonbaillan.
— Gourgault, Sgr de la Fayolle,
— Charles de Chergé, Sgr de Villognon.

Garnier de Ballon,
— Pierre Garnier, Sgr du Breuil-Charente,
— André Garnier, Sgr de la Boissière.

Pierre de Clergé,
— Guyot de Montorsis, Sgr du Longet.

Bertrand Faure de Saint-Romain,
— Armand Dulau de Soulignonne, Sgr du Bourny.

Salomon de Baussais,
— Dominique Salomon, Sgr de Cressé.

Salomon Chapiteau de Guissale,
— Chapiteau, son frère, Sgr de Chantemerle.

Robert de Guignebourg, Sgr de Sée.
— Dumas, mineur, officier au régt de Hainault, Sgr de Chebrac.

De Rocquart, Sgr de Puymangon,
— Louis de la Rapidie de Tisseuil, président au bureau des finances de la généralité de Limoges, Sgr de Tisseuil.

Pasquet du Bousquet, capitaine au régt de Lyonnais,
> — Pasquet de la Revanchère, son frère, Sgr de la Garde.

De Saint-Gresse, sieur de Fresneau,
> — Mme de Ferret, veuve de M. de Gérard de la Fute, Sgr de la Vallade.

Martin de Chateauroy,
> — de Chateauroy, son père, Sgr de Chateauroy.

Le comte Chérade de Montbron,
> — Gabriel du Cluzeau, ancien capitaine au régt d'Eu, Sgr de Salles.

Le Musnier, lieutenant général de la sénéchaussée, Sgr de Blanzac, Raix et Rouffignac.

De Chevreux de Lacaux,
> — Joseph de Maubué, sieur de Boiscouteau, Sgr de Fleurignac.

De Chevreuse de Lugeat,
> — Mme Favret du Pommeau, veuve de Gabriel de Chevreuse, Sgresse de Chagnerasses.

Léonard de Chasteigner de la Rocheposay, Sieur des Deffands,
> — Marie de Pérusse, comte d'Escars (des Cars), premier baron du Limousin, lieutenant général, commandant la province du haut et bas Limousin, premier maître d'hôtel du Roi, Sgr de Pranzac,
> — Mlle de Viroleau de Marillac, Sgresse de Marillac-le-Franc.

Chabot de Jouhé,
> — Chabot de Bouin, son frère, Sgr de Bouin.

Lagrange de Labaudie, Sgr de la Chetardie,
> — Lagrange, sieur de la Pardoussie, Sgr des Vieux-Tisons.

Fé de Labarde,
> — Clément Fé, son frère, Sgr de Saint-Martin.

Eutrope de Curzay ou Cursay, ancien porte-étendard de la maison du roi,
> — de Cursay, Sgr de Boisroche,
> — de Lesmerie d'Eschoisy, lieutenant de Roi de la province d'Angoumois, ancien chevalier de Malte, Sgr d'Eschoisy.

François Trémeau de Fissac, conseiller en la sénéchaussée et siége présidial d'Angoulême,
> — Mme Boudet de Beaupré, veuve de Paul Texier, Sgr de Chaux.

Texier de la Pégerie,
> — Rateau de Chateauverd, Sgr de Puyberneuil,
> — Mmes Catherine de Rabaine, veuve de M. de Bercier, et Magdelaine de Rabaine, veuve de M. de la Curaterie, Sgr de Boisbreteau.

Louis-Auguste-Joseph, comte de Broglie, marquis de Ruffec.
> — Mlle de Jousserand, Sgresse de la Toucheronde,
> — Louis de Vasselot, Sgr de Quéreaud.

Anne-Marie-André de Crussol d'Uzès, comte de Montausier, mestre-de-camp d'infanterie,
> — de Grailly, Sgr de Touvérac.

Germain Barbot d'Hauteclaire,

— Louis Regnault, Sgr de Taponnat.

Frottier de la Mêsselière,

— M<sup>lles</sup> de Regnault, Sgresses de Villognon et de Persac.

De Lacroix du Repaire,

— Guitard de Beaumont, Sgr de la Groue.

De Rocquart des Dauges,

— Guillot du Doussay, Sgr de l'Age Bertrand,
— M<sup>me</sup> Desnières de Lacour, veuve de M. de Saingareau, Sgr de Lagrange-Nesmond.

Le chevalier de Ribeyreys,

— M<sup>lle</sup> de la Breuille,
— M<sup>me</sup> de la Breuille, épouse de M. du Breuil-Hélion, mestre-de-camp d'infanterie, Sgr des Étangs, Massignac et Sauvagnac,
— Pierre de Fournel, Sgr de Courtilias.

De Chevreuse de Lafond,

— Duboys de la Bernarde, maréchal des camps et armées du Roi, Sgr de la Barre,
— Gabriel, comte de Marciéu, capitaine au régt du Roi, cavalerie, époux de M<sup>me</sup> Adélaïde-Charlotte de Broglie, Sgr en partie du marquisat de Ruffec et des fiefs en dépendant.

Perrier de Gurat,

— Léonard-François de Belhade, Sgr de Lérignac et Charrerie,
— Charles Brumaud, Sgr de Saint-Georges.

Hélie de Terrasson, major de vaisseau,

— de Cosson, prêtre, Sgr de Saint-Simon et Montausier.

Robert d'Asnières de la Barde,

— Garnier, Sgr de Mongoumard,
— D'Asnières, père, Sgr de Nitrat.

Michel Videau du Dognon, chevalier d'Aulaigne.

— M<sup>me</sup> Jayet, veuve de M. André Videau du Dognon, Sgr du Carrier et de la Dourville,
— Devars des Barrières, Sgr des Barrières.

De Salignac-Fénelon, ancien chevau-léger de la garde du Roi.

— François de Glenest, Sgr de Magnac.

Philippe-Frédéric de Castéras, capitaine de cavalerie,

— Avril, Sgr de Grégueuil,
— Gabriel de Pressac, prêtre, curé de la Forêt de Tessé, Sgr de Queue d'Ajasse.

Leroy de Lenchère,

— M<sup>me</sup> Guyot, veuve de M. d'Aussy, ancien capitaine au régt de Viennois, Sgr d'Usson,
— M<sup>me</sup> Louise de Saint-Mathieu, veuve de M. Fretard, marquis d'Ecoyeux, ancien lieutenant des vaisseaux, Sgr de Chateau-Chenel.

Le comte Louis de Culant, brigadier des armées du Roi,

— M<sup>me</sup> Charlotte Chapt de Rastignac, veuve de M. Prévost-Sansac, marquis de Touchimbert, Sgr de Touchimbert,
— Barbeyrac de Saint-Maurice, Sgr de Sauvigny.

Robert Bernard d'Asnières, capitaine au régt d'Agénois,

— Michel Delage, administrateur général des postes, officier de la grande vénerie de France, Sgr de Bayers,

— Saulnier de Beaupine, ancien chevau-léger de la garde du Roi, Sgr de l'Aubertrie.

Le chevalier Guitard de Ribérolle, ancien mousquetaire,

— M<sup>me</sup> de Guitard, veuve de François de Crozant, Sgr de Tuffas,

— Rossignol de Sceaux, président au bureau des finances de Limoges, Sgr de Montebride.

Le marquis de Chauveron,

— Gilbert Colbert, marquis de Chabanais, ancien capitaine des gendarmes d'ordonnance, maréchal de camp, Sgr de la principauté de Chabanais,

— Archambault-Joseph de Talleyrand–Périgord, colonel de dragons, Sgr de Salles et Genté.

Arnauld de Viville, président en la Cour des monnaies de France,

— Philippe de Nesmond, Sgr de Brie.

De Tryon-Montalembert,

— Descravayat de Belat, Sgr de Balzac.

Charles-Emmanuel, comte de Lageard, ancien capitaine au régt de Champagne,

— Robinet de Plas, Sgr de Puicheny,

— de Lesnier, capitaine de cavalerie, Sgr du Métayer.

Dassier (ou d'Assier) des Brosses,

— le comte de Leypaux ou Laypaud, grand sénéchal d'épée de la province de la Basse–Marche, Sgr de la Motte-Maquard,

— M<sup>me</sup> Marie-Rose Barbarin, veuve de M. Guyot, Sgr du Ponteil.

Guillaumeau de Flaville,

— de Brouilhac, Sgr de Maqué,

— Poujaud de Nanclars, Sgr de Laumont.

Le baron Guyot du Repaire, capitaine d'infanterie, aide de camp de M. le comte de Jarnac,

— le baron de Bonnefoi, ancien lieutenant des vaisseaux, commissaire de la noblesse du Bas-Angoumois, Sgr de Guitre,

— Badiffé de Vaugeompe, Sgr de Vaugeompe.

Dauphin de Gourssac, lieutenant-colonel de cavalerie,

— Louis de Brémond, Sgr de Saint-Fort-sur-le-Né.

Le baron Guyot de la Lande de Massignac,

— le comte de Chasteigner, chef d'escadron au régiment des chasseurs de Normandie, Sgr de Burie,

— Daniel Desnanotz, conseiller honoraire au parlement de Guienne, Sgr de Saint-Brice.

François de Corlieu de Loches,

— Antoine de Corlieu, ancien capitaine d'infanterie, Sgr du Vivier.

De la Loubière,

— de Froger, Sgr de la Chébaudie,

— M<sup>lles</sup> de Monneroux, Sgresses du Maine la Font.

— De la Suderie de Gammory,

— Ponte, Sgr de Puybeaudet,

— M^me de la Suderie, veuve de M. Durousier, Sgr du Rus.

Plument de Bailhac,

— Bernardin de Feydeau, Sgr de Saint-Christophe.

Regnault, marquis de la Soudière, capitaine de cavalerie,

— de la Romagère, marquis de Roussy, Sgr de Chasseneuil,

— M^me Julie Hauteclaire, veuve de M. de la Porte aux Loups,
    Sgr de Saint-Gens.

De Jean de Saint-Projet,

— M^me Andrée de Lacroix, veuve de M. Hélie Achard-Joumard,
    vicomte de Léger, Sgr de Fongrenon,

— Dumasny, Sgr de la Barre.

Cadiot de Saint-Paul, sieur de la Lutardrie,

— Antoine Barbot, mineur, Sgr de Peudry et Champrose.

Regnauld de Sée, ancien capitaine d'infanterie,

— Jean de Jaubert, Sgr de Lafaye.

Prévéraud de Sonneville, capitaine de canonniers,

— M^me Thérèse Thomas, épouse de M. de Jousserand, Sgr de
    Chalonne,

— M^me Gaultier-Dumas, veuve de M. David Lalluyaux d'Ormay,
    maréchal des camps et armées du Roi, Sgr de Sézeras.

Horric du Raby,

— Alexandre d'Auray, marquis de Brie, ancien capitaine des
    vaisseaux du Roi, Sgr du Grollet.

Rambaud de Torsac, capitaine au régiment royal de la marine,

— Rambaud de Maillou, son frère, lieutenant-colonel au régi-
    ment de Vexin, Sgr de Saint–Saturnin.

— Mathurin de Maillou, capitaine au régiment de Rouergue,
    Sgr des Brunelières.

François de Juglart, officier au régiment Dauphin,

— Jean-Baptiste de Juglart de Limérac, son père, Sgr de
    Salles-Lavalette.

De Jonchères, ancien capitaine de grenadiers,

– Guichard, Sgr de Lémarie.

Jean-Bertrand, comte de la Laurencie de Charras, ancien officier de
    dragons,

— Charles-Antoine de la Laurencie, ancien officier de la ma-
    rine royale, Sgr de Chadurie,

— le marquis de la Laurencie, mestre-de-camp de cavalerie,

— Sgr de Charras et de Névic.

Joseph de Chevreuse du Montison,

— M^me Marie Arnauld, veuve en premières noces de Noël
    Arnauld de Viville, capitaine au régiment du Roi, infante-
    rie, et, en secondes noces, de M. Regnault de la Soudière,
    brigadier des gardes du corps du Roi, Sgr du Chatelard,

— Arnauld de Chesne, co-Sgr du Chatelard.

Louis-Antoine Joumard Tison d'Argence, sieur de Dirac, ancien capi-
    taine au régiment de Navarre,

— François Achard Joumard Tison, marquis d'Argencce, Sgr
    des Courrières et de la Monnette,

4

— de Perry, chevalier de Saint-Auvant, ancien capitaine au
régiment du Roi, dragons.
Roy d'Angeac,
— M<sup>me</sup> Julie Duqueiroix, veuve d'Angeac, sa mère, Sgresse
d'Angeac-Champagne.
Le chevalier de James,
— la dame Louise de James, veuve d'Étienne de Chamborant,
Sgresse de Villeverts.
Barbot de la Trésorière de Saint-Marc,
— M<sup>me</sup> Marguerite Dubois de Bellegarde, veuve de M. de Peudry.

On déclara nulles, à défaut de formalités, les procurations données à
MM.

Philippe Potonnier, par M. Duverrier, Sgr de Boulzat.
Barbot de la Trésorière, — André Mesnaud.
Babinet, Sgr de Nouzières, — Louis Fé, Sgr en partie de Maumont.
Pierre de Chergé, Sgr de Chenon, — Dalesme, baron de Chatelus.
De la Couture Renon, sieur de la Narbonne, — Paquet, sieur de la
Vergne, ancien capitaine d'infanterie.
Louis Fé de Barqueville fils, — François Fé de Barqueville père.

Le 19 mars, l'assemblée particulière de l'ordre de la noblesse se trou-
vait composée de MM.:

Angely de Salles.
Le chevalier d'Argence de Mont-
ceau.
Arnauld de Bouex.
Arnauld de Viville.
Arnault de Ronsenac.
Le marquis d'Asnières.
Le chevalier d'Asnières.
Avril.
Babin, Sgr du Maine-Charnier.
De Balathier.
De Barandin.
Barbarin de la Motte.
Barbot d'Hauteclaire.
Barbot de Sillac.
De Bardines.
Barraud de Sainte-Colombe.
De Berbigier.
Binet de Lauzière.
Binot de Launoy.
De Boisauroux.
De Bonnegens de la Chaume.
Le chevalier de Bonnevin.
Bonniot de Salignac.

De Bourdage de Sigogne.
De Bourgon père.
Le comte de Broglie.
De Brouzède.
Brumaud de Saint-Georges.
Cadiot de Saint-Paul.
De Casteras.
De Chabot.
De Chabot de Jouhé.
Chabot de Potonier.
De Chabrot.
De Chambes l'aîné.
De Chambes de la Foy.
De Chambes de Mareuil.
Champagnac de Joubertières.
De Chancel.
De Chancel, puîné.
Chapiteau, l'aîné.
Chapiteau, puîné.
Le vicomte de Chasteigner.
De Chasteigner des Deffants.
De Chasteigner de la Courière.
Le marquis de Chauveron.
De Chergé.

De Chergé de Chenon.
De Chergé de Font-Baillan.
De Cheveraud.
Chevreau des Montagnes.
De Chevreuse de la Fond.
De Chevreuse du Lugeat.
De Chevreuse de Montison.
Chevreux de Lacaud.
De Chillou.
De Cholière père, Sgr de Nanteuil.
De Cholière de Nanteuil fils.
De Conan.
Corlieu de la Baudie.
Corlieu de Loches.
De Coufour.
Le comte de Culant.
De Curzay.
Dassier.
Dauphin du Breuil.
Dauphin de Goursac.
David de Lastour.
Desbordes de Jansac.
Desbordes de Teille.
Deschamps de Romefort.
Desroches de Signac.
Dexmier de Chenon.
Dexmier d'Olbreuse.
Le chevalier de Dexmier.
Douet du Breuil.
Duboys de la Bernarde.
Duclaud, prêtre.
Dumas.
Dumas de la Touche.
Dumasny.
Dumasny de l'Estang.
Dumoulin de Chantresac.
Faure de Saint-Romain.
De Faure de Cornesac.
Fé de la Barde.
Fé de la Fond.
Fé de Ségeville.
Ferret de la Grange.
De Fieux de Marsillac.
De Flaville.
De Fournel de Mainzac.
De Froger.
De Frottier.
De Galard d'Argentine.
De Galard du Vivier.
Garnier de Ballon.

Giboust du Chastelus.
Le marquis de Girac.
De Gléné de la Morinie.
Grand de Luxolière.
Guillaud du Chambon.
Guillaumeau.
Guillet du Plessis.
De Guimard.
Guiot du Repaire.
De Guiot de la Lande.
De Guitard de Ribérolle.
De Guittard.
Le chevalier de Guittard de Ribérolle.
Le comte de Guiton de Maulévrier.
De Gurat.
Le chevalier Guyot d'Ervaud.
D'Hauteville l'aîné.
D'Hauteville, puîné.
D'Hemery de l'Abrégement.
Horric de Chassors.
Horric de la Courade.
Horric de la Motte.
Horric de Raby.
Le chevalier de Jambes.
Le chevalier de James.
Le comte de Jarnac.
Jaubert de la Faye.
De Jaubert des Vallons.
De Jean de Jovelle.
De Jean de Jovelle, puîné.
De Jean de Saint-Projet.
De Jonchères.
Joubert de la Pouyade.
De Jousserand.
De Juglard de Claix.
De Juglard de la Grange.
De Juglard de Lardinie.
Le chevalier de Julien.
L'Abatud père.
L'Abatud de Valette.
L'Abatud de Vilhonneur.
De La Baudie.
De La Berge fils.
De La Couture Renon.
Le chevalier de La Croix.
Lacroix du Repaire.
De La Croix de Puyriaud.
De La Faud de Chabrignac.

De la Geard des Plassons.
De la Grésille.
Le chevalier de l'Aîné.
Le chevalier de l'Aîné de Chevallons.
De l'Aîné du Pont d'Herpe.
Le comte de Ja Laurencie.
Le comte Charles de la Laurencie.
Laloubière de Bernac.
De Lambert des Andreaux.
Le chevalier de Lambertie.
De Lambertie de la Fenestre.
De Lambertie de la Marie.
Le duc de La Rochefoucauld.
De La Sudrie de Gammory.
Le chevalier de La Tranchade.
Du Lau-Delage-Baton.
De Lauxbarière.
De Legré.
Le chevalier François de Legré.
De Lenchères de la Borde.
Leroy de Lenchères.
L'Estang du Vivier.
L'Estang de Hant.
L'Etang de Rulle.
Lhuillier.
De Livron de Puividal.
Le chevalier de Luzignan.
Malet de Chastillon.
Marchais de la Berge.
De Martel.
Le marquis de Martin.
Martin de Chateau-Roi fils.
De Maumon.
Montalembert des Bournis.
Le comte de Montausier.
Le comte de Montbron.
De Morel de Charmant.
De Morel des Rousselies.
De Morel de Sixe.
De Musseau de Saint-Michel.
De Nanteuil.
De Nanteuil.
Navarre Ducluzeau.
De Nieuil.
Normand de Garat père.
Normand de Garat.
Normand de la Tranchade.
D'Orfeuille de Clavière.
Pascal de Faucher.

Pasquet du Bousquet.
Patoureau de la Brodière.
De Pérès du Plessis.
Péroche de Pressac.
De Perry.
De Pierre-Levée père.
De Pierre-Levée fils.
De Pindray.
Pindray de Lisle.
Le baron de Plas.
De Plumeau.
Plument de Bailhac.
Plument de la Font-Périne.
De Pressac.
Prévéraud des Deffands.
Prévéraud de Sonneville.
Des Prises du Poirier.
Rambaud de Maillou.
De Rampenoulx.
Du Randon.
Regnault de la Soudière.
De Regnault de la Soudière Saint-Mary.
De Regnault de Sée.
De Rémondias.
Le chevalier de Rémondias.
Le chevalier de Ribeyreys.
Robert de Sée.
Robuste de Lauxbarière.
De Rochemon.
De Rocheplate.
De Rocquard des Dauges.
De Rocquart de Puymangon.
Roi d'Angeac.
De Ronsenac fils.
De Roussaud de Maignac.
Du Rousseau de Coulgens.
Rousseau de Maignac.
Du Rousseau de Lignac.
Le chevalier de Ruelle.
De Saingareau du Theil.
Le chevalier de Sainte-Hermine.
De Sainte-Hermine de la Barrière.
Saint-Paul de Juillac.
Le marquis de Saint-Simon.
De Salignac de Revière.
Salomon de Saint-Cyers.
Salomon de Villeman.
Sardain de Laugerie.
Sardin de la Soudière.

*Lieutenants de Roi.*

De Boisson de Rochemont.
Le comte de Simiane.
Le marquis de Choisy.

*Lieutenants des maréchaux de France.*

Arnauld de Chesne, à Angoulême.
De la Perrière, père et fils, à Saint-Jean-d'Angély.
Le chevalier de Varennes, chevalier de Saint-Louis, à Cognac.
D'Aiguières, à Saintes.
De Crès, à Saintes.

*Gouvernements particuliers.*

Le marquis de Chauveron, lieutenant de Roi, à Angoulême.
Le comte de Marinis, commandant, à Saint-Jean-d'Angély.
                    (*État militaire de la France, en* 1789 ).

---

# PRÉSIDIAL D'ANGOULÊME.

(Le Présidial d'Angoulême ressortissait au Parlement de Paris).

Pierre de Lageard, comte de Cherval, sénéchal d'Angoumois.
Le Meunier de Lartige, lieutenant général.
De Lambert des Andreaux, lieutenant particulier.
Constantin de Villars, lieutenant général de police.
Le Vacher de Roissac.
Pierre Souchet.
Dutillet.
Pierre de la Grésille.
Chausse de Lunesse.
Trémeau de Fissac.
Sazerac.
Pierre-François Thevet, syndic.
Frugier.
Maulde de Loisellerie.
François Bourdin.
André Arnauld.
Couturier du Chastelard, avocat du Roi.
André Resnier, greffier en chef.
        (*État des cours de l'Europe,* 1788 ; — *l'Angoumois en* 1789).

PARIS — IMPRIMERIE DE DUBUISSON ET Cᵉ, 5, RUE COQ-HÉRON.

Saulnier de Fontolière.
Saulnier de Montalembert.
Sazerac.
Sazerac, puîné.
Le comte de Seillac.
De Suire de la Morère.
De Taponnat.
De Terrasson.
Terrasson d'Ardennes.
Terrasson de la Pétillerie.
Texier de la Baurie.
Texier de la Pougnerie.
Du Theil-Prévéraud.

Tremeau de Fissac.
De Tryon-Montalembert.
Valleteau de Chabrefy.
Valleteau de Monboulard.
Valleteau de Mouillac.
De Vars de'Laudebert.
De Vassoignes l'aîné.
De Vassoignes.
De Videaud.
Vigier de Planson.
De Villars de Bacqueville.
De Volvire de Brassac.

Pierre-Ausone de Chancel, écuyer, avocat au parlement, secrétaire de l'Ordre de la Noblesse.

---

# LISTE DES DÉPUTÉS DES TROIS ORDRES

## AUX ÉTATS GÉNÉRAUX DE 1789.

L'Evêque d'Angoulême (Philippe-François d'Albignac de Castelnau).
Joubert, curé de Saint-Martin.

Le marquis de Saint-Simon, maréchal de camp.
Le comte de Culant, brigadier des armées du Roi.

Augier, négociant, à Cognac.
Roi, avocat, à Angoulême.
Marchais, assesseur du duché de La Rochefoucauld.
Pougeard-Dulimbert, avocat de Confolens.

---

# GOUVERNEMENT MILITAIRE.

## SAINTONGE ET ANGOUMOIS.

Le duc d'Uzès, gouverneur général.
Le marquis de Chauveron, commandant en Angoumois.

### Lieutenants généraux.

Le marquis de Montalembert.
Le marquis de Courbon.

# LES CATALOGUES SE PUBLIENT DANS L'ORDRE SUIVANT

## EN BROCHURES IN-8º DE 2 A 4 FEUILLES, PRIX : 2 FR.

S. Exc. le Garde des Sceaux, Ministre de la Justice, a souscrit à cette publication pour les bibliothèques du Conseil du sceau des titres et des Cours impériales.

LL. Exc. le Ministre de la Guerre et le Ministre de l'Intérieur ont souscrit pour les bibliothèques de leur département.

**Dauphiné**, en vente, comprenant les Bailliages ou Sénéchaussées de *Gap, Grenoble, Montélimart, Romans, Valence, Vienne.*

**Lyonnais, Forez et Beaujolais**, en vente, — *Lyon, Montbrison, Villefranche.*

**Provence et Principauté d'Orange**, en vente, — *Aix, Arles, Barcelonnette, Brignolles, Castellane, Digne, Draguignan, Forcalquier, Grasse, Hyères, Marseille, Orange, Sisteron, Toulon.*

**Languedoc** (Généralité de Toulouse), en vente, — *Carcassonne, Castelnaudary, Castres, Limoux, Toulouse.*

**Armagnac et Quercy**, en vente, — *Cahors, Figeac, Gourdon, Lauzerte, Lectoure, Martel, Montauban.* — Supplément au Dauphiné : *Assemblée de Vizille, en 1788.*

**Bourgogne, Bresse, Bugey, Valromey et la Principauté de Dombes**, en vente, — *Autun, Auxerre, Auxois et Semur, Belley, Bourg-en-Bresse, Châlon-s.-Saône, Charolles, Châtillon-s.-Seine, Dijon, Gex, Mâcon, Trévoux.*

**Franche-Comté**, en vente, — *Besançon, Dôle, Lons-le-Saulnier* (bailliage d'Aval), *Vesoul* (bailliage d'Amont).

**Lorraine et Duché de Bar**, en vente (1re livr.), — *Arney, Bar-le-Duc, Bruyères, Charmes, Châtel-sur-Moselle, Epinal, Etain, La Marche, Longuyon, Longwi, Metz, Mirecourt, Neufchâteau, Phalsbourg, Pont-à-Mousson, Remiremont, Saint-Diez, Saint-Mihiel, Sarrebourg, Sarrelouis, Thiancourt, Thionville, Villers-la-Montagne.* Etat militaire de la province.

**Lorraine et Duché de Bar**, en vente (2e livr.), — *Bitche, Blamont, Bouzonville, Carignan, Clermont-en-Argonne, Lunéville, Mohon, Montmédy, Mouzon, Nancy, Noménу, Rozières, Sarreguemines, Sedan, Toul, Verdun, Vézelise, Vic.* Etat judiciaire et Chapitres nobles de la province.

**Picardie**, en vente, — *Amiens et Ham, Boulogne, Calais et Ardres, Montreuil, Péronne, Roye, Montdidier, Saint-Quentin.*

**Champagne**, en vente, — *Bar-sur-Seine, Châlons-sur-Marne, Château-Thierry, Chaumont, Langres, Méaux, Provins, Reims, Sens, Sézanne, Troyes, Vitry-le-François.*

**Auvergne et Rouergue**, en vente, — *Aurillac, Brioude, Clermont-Ferrand, Riom, Saint-Flour; — Millau, Rodez, Villefranche-de-Rouergue.*

**Roussillon, Foix, Comminges, Couseran et Nébouzan**, en vente, — *Perpignan, Pamiers, Muret, Saint-Gaudens, Saint-Girons.*

**Marche et Limousin**, en vente, — *Guéret, le Dorat, Bellac, Brives, Limoges, Tulle.*

**Touraine et Berry**, en vente, — *Tours, Amboise, Loches, Chinon, Bourges, Issoudun, Châteauroux.*

**Périgord, Aunis, Saintonge. Angoumois**, en vente, — *Angoulême, Bergerac, Cognac, Périgueux, Rochefort, La Rochelle, Saintes. Saint-Jean-d'Angély, Sarlat.*

### SOUS PRESSE

*Normandie; — Poitou; — Anjou, Maine et Perche; — Orléanois et Blaisois; — Bourbonnais et Nivernais; — Guienne; — Béarn, Navarre et Gascogne; — Flandre, Hainault, Artois, Alsace; —* Languedoc (généralité de Montpellier); — *Bretagne; — Isle de France; — Corse, Colonies, Comtat-Venaissin; — Noblesse de l'Empire; — Restauration et Gouvernement de Juillet; —* Supplément.

Cette publication sera terminée dans le courant de l'année 1864.

**Catalogue des Certificats de noblesse** délivrés par CHÉRIN, pour le service militaire, de 1781 à 1789, en vente.................... Prix : **2 fr.**

PARIS. — IMPRIMERIE DE DUBUISSON ET Cᵉ, RUE COQ-HÉRON, 5. (7963)

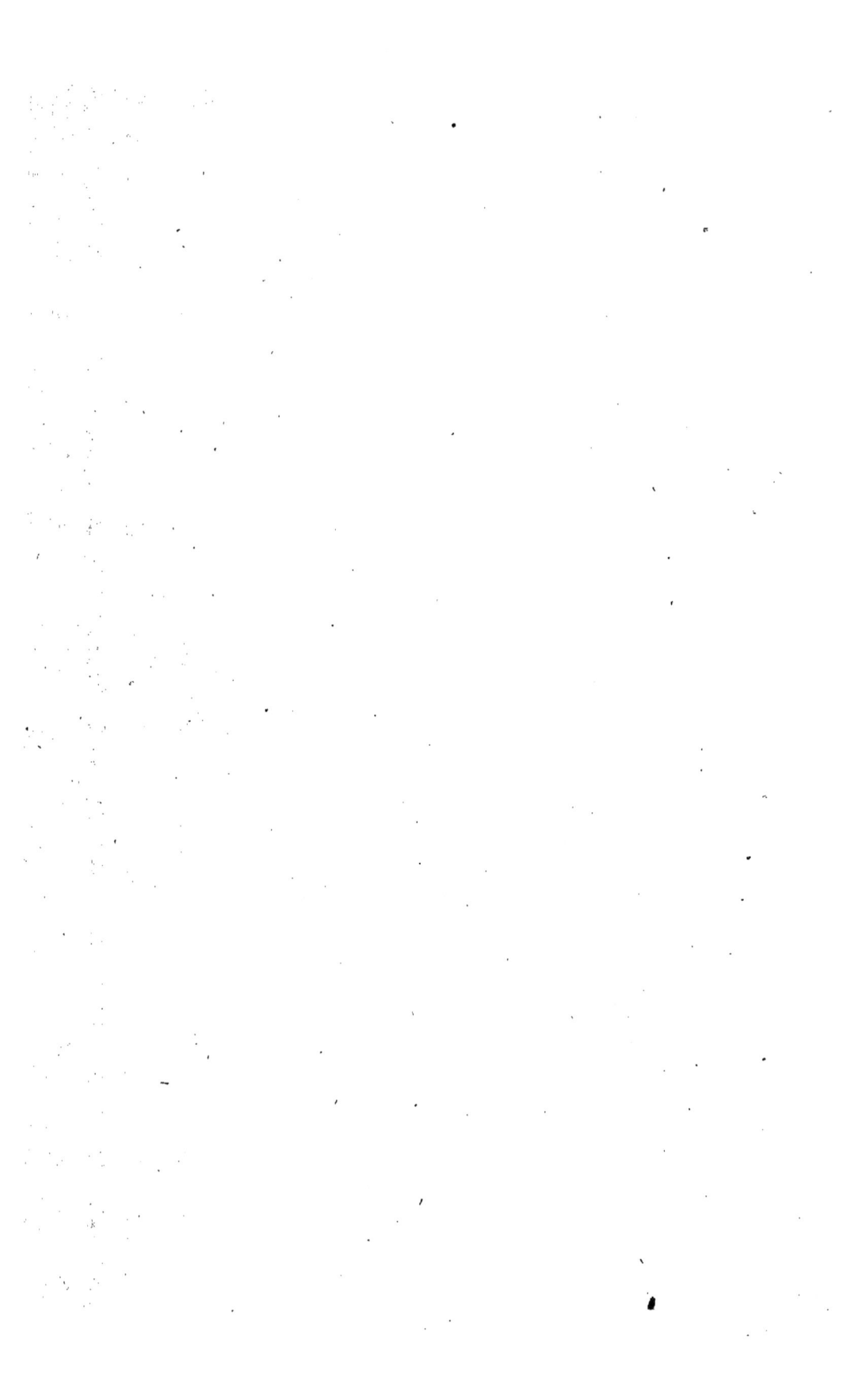

www.ingramcontent.com/pod-product-compliance
Lightning Source LLC
Chambersburg PA
CBHW070955280326
41934CB00009B/2071